Irene Leser (Hg.)

Bedeutende Berliner Begriffe

BeBra Verlag

Inhalt

Beginn

2013, drei Jahre vor seinem Tod, schenkte David Bowie mit seinem Ohrwurm „Where Are We Now?“ Berlin eine Hymne. Der Song passt zur Stadt, genauso wie zu Bowie selbst. Es ist ein Text über (West-)Berlin, eine Stadt, in der Bowie in den wilden 1970ern lebte, eine Stadt, in die er immer wieder zurückkehrte. „As long as there's sun / As long as there's rain / As long as there's fire / as long as there's me / As long as there's you.“

Berlin ist aber nicht nur West-Berlin, nein, Berlin ist auch Ost-Berlin. Berlin ist nicht nur Vergangenheit, sondern auch Gegenwart. Und Berlin hat mit seinen heute 3,850 Millionen Einwohner:innen einiges zu bieten: Frohsinn, aber auch Nachdenklichkeit, Innovationen wie auch Beständigkeit. Berlin ist eine Stadt, die manche vor dem Hintergrund ihrer Größe verschreckt, viele aber auch fasziniert. Es ist eine Stadt, die man aus verschiedenen Perspektiven betrachten kann: den Orten, den Dingen, den Menschen, den großen und kleinen Geschichten, die diese Stadt zu der machen, die sie ist.

Dieses Buch greift die Eigenheiten dieser Stadt auf. Es ist ein Nachschlagewerk mit 40 Begriffen, die alle eines eint: ihr Anfangsbuchstabe. In essayistischen Texten erläutert das Buch, mit mitunter augenzwinkernden Fakten, zentrale wie abwegige Themen der Hauptstadt, eine Stadt, die einlädt, bunt und divers zu denken und zu handeln.

Dabei ist dieses Buch ein besonderes. Es ist kein gewöhnlicher Reiseführer. Es bietet keine wohlsortierte Übersicht über touristische Highlights, keine Sightseeing-, Restaurant-, Shopping- oder Ausgehtipps. Es ist auch keine klassische Enzyklopädie mit Einträgen von A bis Z. Es ist die Einladung, die Hauptstadt aus einem einzigen Buchstaben heraus zu begreifen: dem für die Hauptstadt passenden B.

Doch woher kommt die Idee, Berlin aus seinem Anfangsbuchstaben heraus zu schreiben? Die Inspiration dazu entstand bei einem stärkenden Picknick während einer sonnigen Herbstwanderung im wunderschönen Land Brandenburg. Zu viert waren wir unterwegs, setzten uns auf eine Lichtung, packten jegliche Kulinarik aus, die wir dabeihatten, und warfen uns beim Genuss des Mitgebrachten unterschiedliche Schlagwörter zu. Im Tun landeten wir recht schnell beim B. Fast alle uns in diesem Moment wichtigen Begriffe begannen damit: das getrunkene Bier, die mitgebrachten Bananen, das selbstgebackene Brot, die Beeren, die auch kalt genossene, leckere Bolognese. Schnell wurde uns klar, dass nicht nur das aus den Rucksäcken geholte Essen und die guten, vor Ort gekauften und damit noch kühlen Getränke mit diesem Buchstaben beginnen, sondern auch gesellschaftlich und politisch relevante Aspekte: Wir alle leben in der BRD, mit 16 Bundesländern, u. a. Berlin, Bremen, Brandenburg, Baden-Württemberg und Bayern, Bundesländer, die aus einer langen Geschichte hervorgegangen sind. Wir leben in Beziehungen, blödeln gerne herum, um die Ernsthaftigkeit des Lebens auch ein wenig lockerer sehen zu können. In dem kurzen stärkenden Break war eines schnell klar: Es gibt viele bedeutende Begriffe, die mit B anfangen.

Um Berlin in seiner Heterogenität zu illustrieren, haben vielfältige Autor:innen zu dem Buch beigetragen. Ihre Mischung ist bunt zusammengewürfelt. Geschrieben haben in diesem Buch Akademiker:innen unterschiedlicher Disziplinen, Journalist:innen, ein Theatermacher, ein Kabarettist, ein Begründer des Vereins Berliner Unterwelten, ein (ehemals) für den Bundestag arbeitender Redenschreiber und ein (ehemaliger) Berliner Bürgermeister. Sie alle haben ihre Expertise und ihren Blick auf Berlin eingebracht.

Entstanden ist ein Werk, das Berlin auf eine vielfältige, interdisziplinäre, geschichtlich interessierte und Gegenwart beschreibende Weise aus einem einzigen Buchstaben heraus liest und dabei zahlreiche, mitunter auch recht selten gehörte und doch äußerst interessante Fakten beinhaltet.

Als Leser:in können Sie sich ein eigenes Bild vom Sinn oder Unsinn dieses Buches machen. Sie können es gerne, beginnend mit der ersten Seite, in chronologischer Reihenfolge lesen. Sie können es, auf die die Beiträge einleitenden Teaser fokussiert, querlesen. Sie können es auch irgendwo aufschlagen und sich über einzelne Begriffe, sei es die Berlinale, das Bier oder die für Berlin wichtigen Bühnen informieren und darüber mehr über die Hauptstadt lernen. Darüber hinaus bietet es sich an, das Buch auf einen Berlin-Trip vorbereitend oder auch begleitend zur Hand zu nehmen. Beginnen Sie hierfür gerne mit dem Beitrag über Berlin. Er liefert Ihnen einen interessanten Überblick über die lange Stadtgeschichte. Wählen Sie anschließend die Sie interessierenden Orte. Besuchen Sie z. B. das Brandenburger Tor, einen Bunker oder eine Baustelle. Vergleichen Sie das Gesehene mit dem Gelesenen. Genauso gut eignet sich das Buch als Inspirationsquelle für Ausflüge in und von Berlin aus. Sie werden erstaunt sein, wie die Beiträge zu Bandenkrieg, Balkon, Bitterfeld, Brandenburg oder Bayern ihre je eigenen Geschichten erzählen und zu einer eigenen Exkursion einladen. Das Buch kann selbstverständlich auch aus Interesse an geschichtlichen Hintergründen genossen werden und dazu, Berlin in seiner Gegenwart besser verstehen zu lernen. Es kann ein Reisebegleiter in die morgendliche Bürotretmühle werden. Genießen Sie es, informieren Sie sich über die Stadt, schmunzeln Sie, wenn Sie das Bedürfnis dazu haben, lachen Sie auch gerne lauthals auf, wenn es Sie überkommt, halten Sie inne, wenn es im Buch doch nachdenklicher wird.

Gerne können Sie das Buch aber auch verschenken: an Berliner:innen und Besucher:innen, an sich selbst oder gute Freund:innen. Egal, was Sie mit diesem Buch machen, ich wünsche Ihnen viel Freude dabei und danke allen, die direkt oder indirekt zu diesem Buch beigetragen haben. Mein erster Dank geht an alle am Band beteiligten Autor:innen. Ohne sie gäbe es das Buch einfach nicht. Darüber hinaus danke ich meinen Freund:innen, Wegbegleiter:innen und Kolleg:innen. Sie haben mit ihren vielfältigen Fragen, Anmerkungen und Hinweisen dieses Werk gehaltvoller gemacht. Mein Dank gilt ebenfalls der das Projekt nicht nur stilistisch, sondern auch inhaltlich bereichernden Lektorin Marijke Leege-Topp. Sie hat das Buch zu einem lesenswerteren gemacht, als es ursprünglich war. Zuletzt möchte ich Dirk Palm, dem Verleger des BeBra Verlags, danken. Er brachte dem Vorhaben von Anfang an Begeisterung und Vertrauen entgegen. Ohne ihn würden Sie dieses Buch nicht in den Händen halten.

Juli 2023, Irene Leser

Badewanne, die ['ba:dəˌvanə]

Der Begriff Wanne leitet sich aus dem lateinischen *vannus* »Futterschwinge« ab. Den wenigen zu findenden Definitionen des Begriffes ist gemein, dass die »Badewanne« als (meist längliches) Behältnis zum Hineinsetzen oder -legen bezeichnet wird, in welchem der Körper ganz oder teilweise mit Wasser bedeckt ist und welcher in erster Linie der Körperhygiene dient. Eine durchschnittliche Badewanne misst zwischen 75 und 80 Zentimeter Breite und zwischen 175 und 180 Zentimeter Länge. Badewannen fassen meist ein Volumen zwischen 150 und 180 Liter Flüssigkeit, wobei zu beachten ist, dass die tatsächliche Wassermenge direkt mit der Körperfülle des Badenden korrespondiert.

Ich bin umgezogen. An sich keine besondere Nachricht. Alltag in Berlin. Was diese Information aber relevant macht, ist die Ausstattung der neuen Wohnung: Es gibt nur eine Dusche!

Die Dramatik hinter diesen fünf Worten erschließt sich wohl nur eingefleischten Anhänger:innen eines guten Bades. Es brauchte viele gute Gründe für die neue Wohnung, um das Fehlen einer Badewanne auszugleichen. Das Baden in einer Badewanne war bis dato ein elementarer Teil meines Lebens. Es gibt keinen naheliegenderen Ort für Entspannung und Konzentration. Wo lässt sich besser ein Buch oder eine Zeitung lesen als in der Badewanne? An welchem Ort kann man sich fokussierter auf Prüfungen vorbereiten, wo lässt sich ungestörter den eigenen Gedanken nachhängen? Fern jeder Ablenkung bietet ein Bad die Möglichkeit vollkommener Entspannung und/oder höchster Konzentration.

Sicher war in der Menschheitsgeschichte ein Bad schon häufiger Inspirationsquelle weltbewegender Entwicklungen und Gedanken. So entdeckte beispielsweise der griechische Mathematiker Archimedes vor über 2000 Jahren die Auftriebskraft von Körpern in flüssigen Medien angeblich beim Baden. Dass es dann aber doch nur recht wenige Überlieferungen davon gibt, wie revolutionäre Umwälzungen ihren Ursprung beim Baden fanden, mag mit der Intimität des Moments zu tun haben. Zu verwirrend scheinen die Bilder, stellt man sich Größen der Weltgeschichte sinnierend in der Wanne vor. Was löst es bei Ihnen – den Lesenden – aus, wenn Sie sich einen Karl Marx nackt in der Stahlemaille-Wanne vorstellen, während er versunken über das Kapital nachdenkt? Spüren Sie noch die dunkle Seite der Macht, wenn Sie an Darth Vader in der Badewanne denken? Nur schwer lässt sich die Erhabenheit großer geistiger Schöpfungen mit der Nacktheit ihrer Schöpfer:innen während eines Bades zusammen denken.

Kalt und technokratisch betrachtet, ist eine Badewanne ein toter, seelenloser, meist weiß getünchter Hohlkörper, in welchem Wasser und Fleisch zum Zwecke der Reinigung geparkt werden, versteckt meist im pragmatischsten und unpersönlichsten Raum einer jeden Wohnung – dem Bad.

Ein eigenes Badezimmer war in Berlin lange ein seltener Luxus. 1910 verfügten fast 90 Prozent der Haushalte nicht über ein eigenes Bad, geschweige denn über eine Badewanne. Für die arbeitende Masse standen im rasant wachsenden

Schmelztiegel Berlin Gemeinschaftswaschräume im Keller oder Wannen- und Duschbäder in den Volksbadeanstalten zur Verfügung. So verfügte das Stadtbad Mitte in Berlin, welches von dem jüdischen Kaufmann und Wohltäter Henri James Simon gestiftet und 1930 eröffnet wurde, nicht nur über das nach wie vor existierende 50-Meter-Becken. Es war zudem auch ausgestattet mit 80 Wannenbädern, 40 Duschzellen und 20 medizinischen Bädern.

Die Einführung kostengünstiger Badewannen wie die Volksbadewanne der Kraußwerke oder die Wellenbadschaukel des Berliner Klempners Carl Dittmann schuf zwar zu Beginn des letzten Jahrhunderts schon die Voraussetzung, das Wannenbad weniger begüterten Schichten zugänglich zu machen. Doch erst mit den Neubauprojekten im stark zerstörten Berlin nach 1945 wurde ein eigenes Badezimmer in jedem Haushalt normal. Mit den umfassenden Sanierungsmaßnahmen der Altbauten im boomenden Berlin der Nachwendezeit bekamen nun auch die letzten Berliner:innen ihr eigenes Badezimmer. Folgerichtig wurden 2007 die letzten verbliebenen öffentlichen Wannenbäder im Stadtbad Charlottenburg geschlossen.

Wie aber kann aus der gefliesten, glatten Kargheit eines Badezimmers, aus dem materialisierten Nichts einer Wanne ein Moment des Behagens, der Wohligkeit, des Genusses und des Völlig-bei-sich-Seins entspringen?

Ein Grund für diese Transformation liegt sicher gerade im asketischen Charakter der meisten Badezimmer-Umgebungen. Ohne in ein dystopisches Lamento zu verfallen, stellt es durchaus eine Herausforderung der Moderne dar, für sich

Orte ohne Störung und Ablenkung, Orte der Kontemplation zu finden. Das Bad kann genau dieser Ort sein. Eine kleine, sehr überschaubare analoge Insel in der stürmischen See digitaler Ablenkungen. Ruhepol in einer hektisch pulsierenden Großstadt.

Natürlich wird in einer kapitalistischen Gesellschaft versucht, diesen privaten Luxus zu kommerzialisieren. In der uns umgebenden medialen Hochglanz-Ersatzrealität ist das Baden keine Tätigkeit körperlich leicht ramponierter Menschen, die in ihrem Badekämmerlein mal ganz ungestört und unbewertet sie selbst sein dürfen. In der Ersatzrealität findet das Baden vielmehr in lichtdurchfluteten ausufernden Badezimmerlandschaften statt, veredelt durch Rosenwasseressenzen und exklusive Duftkerzen.

Allerdings liegt ein massives Missverständnis vor, wenn ein ordinärer Prahlhans wie der ehemalige Limburger Bischof Tebartz-van Elst glaubt, die Exklusivität eines Bades setze eine 4000 Euro teure, freistehende Badewanne voraus. Euer Hochwürden hat nicht verstanden, dass die Exklusivität in der Ruhe und dem Moment für sich besteht. Natürlich lässt sich der Genuss mit dem Wohlgeruch einer – vielleicht auch etwas teureren – Badeessenz noch steigern. Eine Badewanne als Statussymbol, ein Jacuzzi gar, ist dagegen so sinnfrei wie ein SUV in Berlin. Platzverschwendung. Prollig und geschmacklos.

Wahrhaft passionierte Badewannen-Nutzer:innen werden sich von den Verlockungen der Lifestyle-Selfcare-Industrie kaum beeindrucken lassen. Wissen sie doch, dass ihre Badewanne genug ist; genug um sich einen exklusiven Moment gönnen zu können.

Und doch gibt es auch dieses unheimliche Moment, das in der Auseinandersetzung mit dem Thema Badewanne nicht verschwiegen werden darf. Die dunkle Ahnung, dass Ruhe und Sicherheit in der Wanne nicht absolut sind. Gemeint ist nicht der banale Moment, wenn vergessen wurde, die Tür abzuschließen und Mitbewohner:innen zu ungünstiger Zeit ebenfalls das Bad nutzen möchten; der peinliche Augenblick, wenn die aufeinandertreffenden Akteur:innen einer solchen Szene kurz in ihrer Scham, Rat- und Hilfslosigkeit vereint sind. Gemeint sind vielmehr jene potenziellen Augenblicke, wo sich die brachiale, gewalttätige Realität dieses letzten Rückzugsorts ermächtigt. Gerade weil das Bad in einer Badewanne so intim ist, wir hier nackt und verletzlich sind, reicht allein schon die Vorstellung einer solchen Grenzüberschreitung, um uns einen gehörigen Schrecken einzujagen. Unterbewusst wissen wir, dass dieser letzte Rückzugsort auch Falle sein kann. Der durch die zerschlagene Badezimmertür irre grinsende Jack Nicholson hat dieser Angst ein Gesicht gegeben.

In Kunst und Film ist die Badewanne nicht nur Symbol für Luxus oder Anlass für einen Akt. Immer wieder ist die Wanne auch Motiv eines stillen und damit umso eindrücklicheren Grusels. Die Darstellung des ermordeten Jakobiners Jean Paul Marat durch den Revolutionsmaler Jacques-Louis David (1793) oder das Bild des toten Uwe Barschel in der Badewanne bleiben wohl auch deshalb haften, weil sie von einer traurigen und unumkehrbaren Einsamkeit zeugen.

Lassen wir uns von solchen Bildern jedoch nicht zu sehr beeindrucken. Die Wanne lädt zwar zur Versunkenheit und zur Ruhe ein. Das Baden an sich war aber schon immer auch ein soziales Ereignis. In der Kindheit schien die Wanne groß genug für mehrere kleine Menschenwesen und einiges an Spielzeug. Wem als Erwachsener seine Wanne dafür zu klein ist oder eben keine zur Verfügung steht, der hat in Berlin verschiedene Möglichkeiten. Diverse Hamams laden zum Besuch ein. Ein eventorientierteres Publikum hört im Wasser treibend Musik im Liquidrom. Und wer mit Jung und Alt planschen möchte, packt die Badehose ein und fährt einfach raus zum Wannsee.

Stefan Neumann

Balkon, der [bal'ko:n]

Ein Balkon ist ein von einem Geländer o. ä. umgebener, vorspringender Teil an einem Gebäude, den man vom Inneren des Hauses aus betreten kann. Er ist eine grüne Oase, auf der sich das Wohnzimmer nach außen verlagern kann. Welch Genuss darauf zu sitzen und in lauer Sommerbrise bei einem guten Buch und einem gekühlten Bier die Sonne zu genießen.

Berlin ist in der Großstadtstatistik Spitzenreiter im Besitz von Balkonen: 71 Prozent aller Wohnungen haben einen! In München sind es gerade einmal 55 Prozent und in Essen leidliche 47 Prozent. Klar, die meisten der Balkone befinden sich in seit den 1970er-Jahren gebauten Mietskasernen: Fast jede Wohnung in Gropiusstadt, Lichtenberg oder Marzahn-Hellersdorf hat einen. Der Bezirk Marzahn-Hellersdorf rühmt sich gar mit seinem »Berliner Balkon«, der eigentlich gar kein Balkon ist. Es ist ein unbebauter Hang, auf dem man einen wunderbaren Blick über die Kaulsdorfer Seen, nach Mahlsdorf, Kaulsdorf und bei klarem Wetter gar bis Köpenick oder zu den Müggelbergen hat. Der sogenannte Berliner Balkon ist vor Millionen Jahren – ganz ohne menschliches Zutun – entstanden, als ein nordischer Gletscher sich in den Süden aufmachte, in Berlin in Gestalt einer wallartigen Aufschüttung zum Stillstand kam und damit das Urstromtal begründete. Das Berliner Urstromtal kann man beim Besuch des »Berliner Balkons« auf einer 164 Kilometer langen Distanz mit dem Fahrrad umrunden.

Der »Berliner Balkon« ist eine geologische Rarität und immer einen Ausflug wert. Wer keine Lust auf eine ausgedehnte Fahrradtour hat, kann auch vom beschaulichen Mahlsdorf aus, in das man mit der S5 gelangt, einen kleinen 20-minütigen Fußmarsch auf sich nehmen, um vom »Berliner Balkon« aus die Aussicht zu genießen. Nimmt man die S-Bahn zurück in die Innenstadtbezirke, kann man zur Besichtigung verschiedener Balkone Berlins wahlweise in Friedrichsfelde Ost, Lichtenberg, am Nöldnerplatz, dem Ostkreuz, der Warschauer Straße, am Ostbahnhof, der Jannowitzbrücke, am Alexanderplatz oder gleich an allen acht Haltestellen aussteigen. Man wird überrascht sein, was für vielfältige Balkone es in Berlin gibt.

Ist man auf der Strecke bis Friedrichsfelde Ost vorwiegend von Einfamilienhäusern oder Doppelhaushälften umgeben, die i. d. R. eher über einen Garten statt einen Balkon verfügen, trifft man in Friedrichsfelde Ost auf erste Platten des Typs WBS 70, mit ihren ans Wohnzimmer angeschlossenen großzügig geschnittenen Balkonen, die genauer gesagt Loggien sind, denn es sind überdachte, nur zur Frontseite hin offene Anbauten, die durch Glasfenster zum Wintergarten umfunktioniert werden können.

Am Nöldnerplatz sieht die Wohnstruktur ganz anders aus. Hier überwiegt der Altbau mit, wenn überhaupt, eher kleinen Balkonen, die es entweder schon seit dem Bau des Gebäudes gibt oder die ab den 2000ern zur Aufwertung der Eigentumswohnungen angebaut wurden. Einige wenige hochpreisige Wohnungen sind gar mit großen (Dach-)Terrassen ausgestattet, die einen perfekten Blick über die Stadt ermöglichen.

Zwischen Ostbahnhof und Jannowitzbrücke befindet sich der Holzmarkt, ein von den Hedonist:innen der BAR 25 und ihren Freund:innen gebautes »urbanes Dorf«, an dem sich Partys, Kunst und Kultur mit kleinen Betrieben mischen. Die dort Wohnenden haben eigene Balkone mit Blick auf die Spree, der aber, anders als anderswo, von allen genossen werden kann, denn der »Holzmarkt ist ein Ort für Menschen aus der Nachbarschaft und aus der ganzen Welt«, für die es »Arbeit und Muße, Austausch und Debatte, Platz für Kreativität und Träume – und natürlich gutes Essen« gibt, heißt es auf holzmarkt.com.

Steigen Sie aus und genießen Sie die Berliner Leichtigkeit. Fahren Sie nach einem kürzeren oder auch längeren Aufenthalt weiter mit der Bahn in die Innenstadt. Zwischen Jannowitzbrücke und Alexanderplatz werden Sie hochgeschossige Platten erblicken, vermutlich auch die Fischerinsel mit ihren 21-Geschossern und einigen großen Balkonen. Am Alex selbst besteigen Sie die Aussichtsterrasse im Park Inn und genießen den atemberaubenden Blick über die Stadt. Reflektieren Sie, wie unterschiedlich die Sicht von den verschiedenen Balkonen aus ist. Mal ist der Fernsehturm ganz nah, mal weit weg.

Aber nicht nur die Sicht vom Balkon ist interessant. Auch die Sicht auf den Balkon. Bei der Besichtigung der vielen Balkone werden Sie erstaunt sein, wie verschieden sie genutzt werden. Ein jeder erzählt von seinen Bewohner:innen, der eine mehr, der andere weniger. Die einen sind leer und ganz aufgeräumt, andere mit Möbeln, die indoor nicht mehr gebraucht werden, vollgestellt. Manch einen Balkon ziert nur ein teures Fixie-Bike, andere der mit Wäsche überfüllte Wäscheständer. Wieder andere sind als Spielwiese für den eigenen Haustiger umfunktioniert; weitere beherbergen Gartenzwerge, lebensgroße Leoparden oder Tiger aus Keramik. Gar viele sind reichlich bepflanzt, mit Efeu, spießigen Geranien oder dem Inventar eines vollumfänglichen Schrebergartens.

Kein Wunder, dass in einer so balkonreichen Stadt ein Film das Kleinod des Balkons zum Thema gemacht hat: Es ist der sehenswerte, 2004 von Andreas Dresen gedrehte Film *Sommer vorm Balkon*. Der Balkon rahmt den Film. Auf ihm sitzen die arbeitslose, alleinerziehende, zu Depressionen neigende Katrin und ihre beste Freundin Nike, die Balkonbesitzerin, die eine quirlige Altenpflegerin ist und sich rührselig um die Alten dieser Stadt kümmert. Auf ihrem Balkon geben sich die beiden Freundinnen bei billigem Rotwein die Kante und philosophieren über die Welt. Es ist der Ausschnitt Leben, der Berlin inhärent ist: die Sehnsucht nach Liebe, nach Leben und mehr.

Natürlich ist nicht jeder Balkon der Stadt so ideal gelegen wie der von Nike: oberste Etage am Helmholzplatz, mit Blick auf die gegenüberliegende Apotheke, in der die beiden Freundinnen häufiger anrufen, um dem schüchternen Apotheker einen Telefonstreich zu spielen. Manch ein Balkon befindet sich an einer lauten, vielbefahrenen Ausfallstraße ins Brandenburger Land. Wie gesund das Verweilen auf einem solchen Balkon ist, muss man wohl seine Hausärztin oder seinen Hausarzt fragen. Selbstverständlich kann man den einen oder anderen Balkon, besser gesagt, eine Loggia auch zum Wintergarten umfunktionieren. Man hänge einfach Fensterscheiben an die Frontseite und fertig ist der erweiterte Wohnraum, der gar nur die Hälfte des Mietpreises kostet, weil er ja offiziell Balkonien ist. Bei steigenden Mietpreisen wäre das doch eine wunderbare Idee für ein neues Arbeitszimmer, sofern das alte für den Nachwuchs geräumt werden muss, weil man keine neue bezahlbare Wohnung findet. Von da aus kann man dem familiären Theater auch mal mit etwas Distanz zuschauen. Apropos Theater: Berliner Balkone befinden sich natürlich nicht nur an Häuserfassaden oder in den Außenbezirken der Stadt. Man findet sie auch in zahlreichen Theatern und Kinos innerhalb des S-Bahn-Rings. Denken Sie an das Deutsche Theater, das Berliner Ensemble, den Admiralspalast u. v. m. Hier können Sie im ersten oder zweiten Rang auf die Bühne oder Filmleinwand schauen. Meist ist der Blick, zumindest in den ersten Reihen, viel besser als in den hinteren Reihen im Parkett. Von hier aus lässt sich eine *Minna von Barnhelm*, eine *Dreigroschenoper* oder ein Josef Hader ganz wunderbar verfolgen, ohne dass einem ein:e zu groß Gewachsene:r die Sicht versperrt. Das Berliner Balkonien lädt einfach zum Genießen ein.

Irene Leser

Ball, der [ball]

Berlin hat viele Bälle zu bieten: Von fern und nah sieht man aus fast jedem Winkel der Stadt den Fernsehturm mit seinem prominenten ballförmigen Drehrestaurant. In der Nähe vom Checkpoint Charlie befindet sich der heliumgefüllte Weltballon, von dem aus man aus einer Höhe von 150 Metern über die Metropole blicken kann. Auf dem Museum für Kommunikation in der Leipziger Straße stemmen drei 1895 von Ernst Wenck geschaffene Giganten eine Weltkugel. Regelmäßig trifft sich seit 1872 die Berliner High Society zum Vergnügen, Netzwerken und zur Unterhaltung auf dem berühmtberüchtigten Presseball. Und für einen jeden gibt es Geschichten, rund um den guten alten Ball.

Es gibt wenig Dinge auf der Welt, die Menschen so faszinieren wie ein fliegender Ball. Es gibt viele Bälle, die die Menschen verzaubern: Basketbälle, Fußbälle, Tennisbälle, Handbälle, snobige Golfbälle oder kleine Wasserbälle. Ungefähr einmal pro Woche trete ich gegen meinen kleinen Sohn im großen Luftballonduell an. Spielstätte: Wohnzimmer, Altbauwohnung, Berlin-Pankow. Wir spielen zwei Halbzeiten zu jeweils fünf Minuten; ein Timer in Form eines bellenden Hundes beendet die Halbzeiten. Wenn der Ballon platzt, wird die Zeit gestoppt, bis der Ersatzballon aufgepustet ist. Mein Tor ist die Außenwand zum Balkon, mein Sohn muss die Flurtür verteidigen. Hand ist nur als Torwart erlaubt, bei Unentschieden kommt es zum Elfmeterschießen. Wir spielen seit ca. fünf Wochen; es gibt viele enge Duelle, Zehenverletzungen am Sofa und Kopfverletzungen am Wickeltisch. Zurzeit liege ich 1:4 hinten, aber ich bin guter Dinge, dass ich das Ding noch drehe.

Der Ball begleitet mich, seit ich laufen kann. Als Kind war er eigentlich immer dabei. Bei jeder Reise lag der Ball im Kofferraum ganz oben, damit man auf jeder Autobahnraststätte auch schnell mal ein bisschen Ball hochhalten konnte (Eltern lieben so was!). Bei jedem Ausflug zum See oder ins Schwimmbad ist ein kleiner Ball dabei. Es gibt wenig Schöneres als den Ball übers Wasser flitzen zu lassen und mit einer geilen Parade abzuwehren, natürlich auch um den Opi zu schützen, der dahinter seine Bahnen schwimmt.

Aber kommen wir zum wichtigsten aller Bälle: König Fußball! Kickers Emden, SV Rödinghausen, JSG Kirchlengern, FC Muckum und Hansa Kreuzberg: So heißen die großen Clubs meiner eigenen Karriere. Ich war nie ein Trainingsweltmeister, aber es gibt kaum etwas, was ich so geliebt habe wie die 90 Minuten auf dem Platz. Der Moment vor dem Anpfiff, wenn du weißt, okay, jetzt zählts. Besonders in Erinnerung geblieben ist mir das Aufstiegsspiel in die Kreisliga A mit dem FC Muckum gegen Sancaspor Spenge. Eigentlich ein typisches Spiel wie immer. Sonntagfrüh zehn Uhr Treffen; natürlich völlig übernächtigt, nachdem in der Nacht vorher bis drei Uhr gefeiert wurde. Die Fanszene des FC Muckums war natürlich auch am Start: hauptsächlich Ü60-Opis mit Bratwurst, Bier und großer Taktikexpertise. Das Spiel ging gut los. Nach 20 Minuten gingen wir nach einem Freistoß 1:0 in Führung, aber Anfang der zweiten Halbzeit waren wir nach einer Notbremse nur noch zu zehnt auf dem Feld und Sancaspor glich aus. Ich wurde aus dem Sturm in die Abwehr zurückgezogen und es folgte eine ewige Abwehrschlacht, bis wir uns ins Elfmeterschießen retteten. Hier verschossen wir gleich unseren ersten Elfmeter. Aber auch Sancaspor verschoss den zweiten und dritten Elfer. Am Ende gewannen wir das Ding mit 5:4 und stiegen in die Kreisliga A auf. Die Ektase nach dem Sieg kann man sich in etwa so vorstellen wie die Feier in Buenos Aires nach dem WM-Sieg gegen Frankreich.

Fußball hat so viel Zauber in sich. Aber natürlich gibt es auch Schattenseiten: Jugendliche Schiedsrichter, die ehrenamtlich Sonntagfrüh über den Platz rennen und sich permanent beleidigen lassen müssen, Schlägereien wegen Beleidigungen als Bastard und angeblich gefickter Mütter (König Zizou hat im WM-Finale 2006 ja gezeigt, wie man darauf reagiert) und viele unnötige Verletzungen.

Kommen wir zum Fußball in Berlin. Hier ist Licht und Schatten in Ost und West getrennt. Und wie so oft im Leben funkelt das Licht im Osten, genauer gesagt in der Alten Försterei in Köpenick. Den Weg, den Union genommen hat, aus der zweiten Liga auf dem Weg in die Champions League, organisch gewachsen mit einem der besten Trainer der Liga, steht im krassen Gegensatz zum Big-City-Club im Olympiastadion, die mit Großinvestor gegen den Abstieg spielen. Aber gut, die alte Dame setzt die letzten Monate wieder verstärkt auf Hertha-Lösungen, mal schauen, wie gut das mit den 777 Partnern laufen wird.

Auch meine eigene Zeit bei Hansa Kreuzberg hatte viel des oben beschriebenen Zaubers. Dabei zeigt sich die Vielfalt der Stadt auch in den vielen Fußballplätzen: Spiele zwischen Villen mit Pool im beschaulichen Gatow, Plattenbauten in Marzahn und Hellersdorf oder eben auch Derbies bei uns in der Wrangelritze in Kreuzberg. Die Liebe zum Spiel war und ist in allen Teilen der Stadt gleich, auch wenn es durchaus Unterschiede gibt, was z. B. die Auslegung gesunder körperlicher Härte angeht. Lustig waren auch die Spiele, die der Berliner Fußballverband auf Sonntagfrüh um acht Uhr angesetzt hat. Wenn man Sonntagfrüh um sieben Uhr mit der BVG zum Spiel nach Kreuzberg unterwegs ist, kommt es in der U-Bahn zur schönen Symbiose, von Menschen, die gerade erst aus den Clubs gefallen sind, und Menschen, die mit ihrer Sporttasche unterwegs sind und das glückliche Los der frühen Spielansetzung gezogen haben.

In dem Buch *Fußball als Soziales Feld* heißt es: »Fußball ermöglicht die Herstellung von Zugehörigkeit, Identität und von Zusammenhalt. Die Herausbildung von nationalen, regionalen und städtischen Kulturen wird über Fußball ermöglicht, unterstützt und partiell sogar initiiert. Zugleich und parallel kann über Fußball Abgrenzung und Differenz zu den ›Anderen‹ grundiert werden. Fußball ist ambivalent und polarisiert, nicht nur während des Spiels auf dem ›grünen Rasen‹, auch auf den Tribünen, in den Städten und vor dem Fernseher – Fußball ist immer ›mehr als nur das Geschehen auf dem Platz‹.«

Interessant ist auch ein kurzer Blick auf die historische Entstehungsgeschichte des Fußballs, die der Sportsoziologe Karl-Heinrich Bette wie folgt beschreibt: »So wurde beispielsweise in Gestalt des Fußballs aus einem weitgehend regellosen, lokal zwischen Dörfern ausgetragenen Volksspiel durch zeitliche, sachliche, soziale und auch räumliche Verregelungs- und Organisationsbildungsprozesse ein in Ligen durchgeführter Wettbewerbssport, der ab 1900 einen weltweiten Siegeszug antrat und bis heute die Massen begeistert.«

Und so kommen wir wieder zum Anfang: Denn die Begeisterung im Zuge der sachlichen, sozialen und auch räumlichen Verregelungsprozesse zeigt sich nirgendwo schöner als im großen Luftballonduell!

Ole Engel

Bandenkrieg, der [bændən 'kʁiːk]

Ein Bandenkrieg ist ein mit Gewalt ausgetragener Konflikt zwischen organisierten Gruppen. Bandenkriege sorgen in Berlin schon seit Beginn des 20. Jahrhunderts für mediales Aufsehen. In der Kaiserzeit und den Goldenen 1920er-Jahren waren es noch die Ringvereine. Heute sind es v. a. arabischstämmige Clans, die mediales Echo erhalten.

Wer erinnert sich nicht an den spektakulären Goldmünzenraub im Bode-Museum oder den Juwelendiebstahl im Grünen Gewölbe in Dresden? Beide Diebstähle sollen auf das Konto des berühmtberüchtigten Remmo-Clans, einer v. a. in Berlin ansässigen Großfamilie mit libanesischem Migrationshintergrund zurückgehen. Die Großfamilie, so viel weiß man, besteht aus 500 bis 1000 Mitgliedern und ein Teil der Familie wird mit zahlreichen kriminellen Delikten in Verbindung gebracht, seien es Gewalt- und Körperverletzungen, Schutzgelderpressungen, Raub, Drogenhandel, Geldwäsche, Hehlerei, Einbrüche, Diebstähle, illegaler Waffenbesitz und -handel oder auch Mord. Immer wieder sorgen sie für mediale Aufmerksamkeit.

Ähnlich berühmt ist die Abou-Chaker-Familie. Von ihr liest man im Zusammenhang mit Schutzgelderpressungen, Drogen- und Waffenhandel, Geldwäsche, Raubüberfällen, Diebstählen, Zuhälterei und Gewalt- und Körperverletzungen. Spätestens seit der Klage von Bushido gegen Arafat, Nasser, Yasser und Rommel Abou-Chaker ist der Clan nicht mehr aus der Medienlandschaft wegzudenken. Ehemals befreundet, verbrüdert, geschäftlich verbunden, hätten ihn – so die Klage von Bushido – die Abou-Chaker-Brüder 2018 bedroht, genötigt, beleidigt, erpresst und verletzt. Hintergrund war eine jahrelange Zusammenarbeit, die Bushido auflösen wollte.

Mediale Schlagzeilen über Clans sind allgegenwärtige Kassenschlager, am aufsehenerregendsten, wenn mehrere Clans aufeinandertreffen. 2020 titelt die *FAZ*: »Clans gegen Tschetschenen: Droht Berlin ein Bandenkrieg?«, die *Süddeutsche Zeitung*: »Überfälle und Verletzte: Bandenkrieg mit Clan-Beteiligung?«, *n-tv:* »Drei Angriffe am Wochenende. Eskaliert in Berlin der Bandenkrieg?« 2021 schreibt das *Focus*-Magazin »›Diamond Boy‹ und die Wölfe aus dem Kaukasus. In Berlins Unterwelt tobt ein erbitterter Revierkampf. Tschetschenische Gangster fordern arabischstämmige Clans heraus. Es geht um die Millionengewinne aus Drogenhandel, Prostitution und Schutzgelderpressung. Ein Boxweltmeister tritt als Vermittler auf – und auch der russische Geheimdienst FSB spielt eine Rolle«.

2022 stellt die Senatsverwaltung für Inneres und Sport ein Lagebild der Clankriminalität in Berlin für das Jahr 2021 vor. Erklärt wird, dass insgesamt 178 polizeiliche Kontrolleinsätze durchgeführt wurden, 572 Objekte kontrolliert, 47 Objekte geschlossen, 108.132 Euro, 7688 unversteuerte Zigaretten, 238 Kilogramm Wasserpfeifentabak, 1259 Verkaufseinheiten Betäubungsmittel, 55 Kraftfahrzeuge, 53 Geldspielgeräte, 68 Waffen bzw. gefährliche Gegenstände beschlagnahmt wurden. Zu lesen ist: »Insgesamt wurden 849 Straftaten von 295

Tatverdächtigen, die der Clankriminalität zugerechnet werden, registriert. Die Schwerpunkte lagen dabei im Bereich der Verkehrsstraftaten, der Betäubungsmittelkriminalität, der Gewalt- und Eigentumskriminalität sowie bei Betrugsdelikten. Es wurden 245 Ordnungswidrigkeiten von 145 Personen mit dem Schwerpunkt auf Verstößen gegen das Infektionsschutzgesetz, das Waffengesetz, im Bereich von Verkehrsmitteln sowie falscher oder Verweigerung von Namensangaben registriert.« Im Verhältnis zu den 482.127 erfassten Straftaten im selben Jahr macht die sogenannte Clankriminalität gerade einmal 0,18 Prozent in Berlin aus. Was für ein verschwindend kleiner Anteil im Verhältnis zur Berichterstattung.

Doch mit Nachrichten über Clans lässt sich der Absatz steigern und Geld machen. In Berlin existiert gar seit 2019 eine »Clan Map«, erstellt von Dandy Diary, die insgesamt zwölf Wirkungsorte von »Clan-Kriminellen« in der Hauptstadt präsentiert.

Wie wäre es also mal mit einem Erlebnisspaziergang zur Justizvollzugsanstalt Moabit, in der Jihad Al-Zein einsitzen soll? Er verübte 2014 mit vier weiteren Männern einen Raub im KaDeWe und erbeutete innerhalb kürzester Zeit Luxusgegenstände im Wert von 817.000 Euro. Gerne können Sie im Anschluss daran auch auf den islamischen Friedhof am Columbiadamm, um hier die Grabstätte von Azis und Ahmad A., die sogenannten Paten des Untergrunds, zu besuchen. Beide waren der Polizei jahrelang wegen Prostitution, Drogenhandel, Schutzgelderpressung, Gewaltdelikten und Waffenhandel bekannt. 2015 verunglückten sie in ihrem 5er-BMW auf der Autobahn. Danach sollten Sie die Villa von Issa

Rammo in Alt-Buckow besuchen. Vielleicht erleben Sie da, wie die Polizei gerade wieder eine Razzia durchführt. Was für ein aufregender Stadtspaziergang. Fast so, als wäre man bei neuen Aufzeichnungen der preisgekrönten Netflix-Serie von *4 Blocks* dabei oder läse mal wieder in einem der vielen Bücher von Volker Kutscher, der so schön die Bandenkriminalität der Goldenen 1920er-Jahre in Berlin beschreibt und erklärt, wie die sogenannten Ringvereine die Unterwelt der Stadt beherrschten und in der Zeit steigender Arbeitslosigkeit und Hyperinflation mit aufsehenerregenden Verbrechen das Nachtleben der Stadt aufmischten, sei es mit Drogenhandel, Prostitution, Erpressung oder illegalen Glücksspielen.

Sind Sie drin? In der Lust am Verbrechen?

Es scheint ganz so, als bräuchten Menschen solche Geschichten. Schade daran ist nur, dass mit den Geschichten auch Unschuldige mit »falschem« Namen zu Schaden kommen, wie z. B. das ZDF-Magazin *Monitor* 2023 berichtet. Es porträtierte das Schicksal von Ismail Sahan, einem Mitglied einer kurdischstämmigen Großfamilie in Frankfurt/Main, der anders als manche seiner Familienmitglieder nie straffällig wurde, aber trotzdem seit 2019 nach eigenen Angaben über 100-mal immer wieder von Polizisten, begleitet vom Zoll oder dem Ordnungsamt, in seinem Kiosk mit Trinkhalle und seiner Shishabar im Frankfurter Gallusviertel kontrolliert wurde. Ähnliches zeigt sich in Berlin. 2019 erklärte der Neuköllner Bezirksbürgermeister Martin Hikel, es sei eine »Strategie der tausend Nadelstiche«. Dabei werde regelmäßig in Läden wie Spätis und Gastronomiebetrieben wie Shishabars kontrolliert. Das ginge auch ohne Durchsuchungsbeschluss, konkreten Tatvorwurf oder Anfangsverdacht. Und damit geraten eben immer wieder Unschuldige ins Visier der Polizei, des Ordnungsamts, des Zolls, der Steuerfahndung, des Gesundheits- und Bauamts. Es ist der sogenannte administrative Ansatz, der Herbert Reul (Innenminister von Nordrhein-Westfalen) zufolge gerechtfertigt sei. Denn dank der Taktik werde »auch eine öffentlichkeitswirksame Wirkung« erzielt, die »nicht ganz unwichtig« sei, damit hätten die Bürgerinnen und Bürger das Gefühl, dass »der Staat [...] nicht machtlos ist«, »er kümmert sich«.

Dass das aber auch rassistische Ressentiments befördert, steht außer Frage, sei es bei der Suche nach einer passenden Wohnung, einer guten Arbeitsstelle oder einer geeigneten Schule für das eigene Kind. Schwierig mit »falschem« Namen. Betrieben wird eine »öffentlichkeitswirksame Symbolpolitik«: zur Beruhigung der Bevölkerung, zu deren Unterhaltung und Befriedigung am Verlangen nach True Crime.

Irene Leser

Bär, der [bɛːɐ̯]

Der Bär ist das Wappentier Berlins. Ein jeder kennt ihn, ist er doch an zahlreichen Stellen im Stadtbild zu sehen. Alljährlich wird er auf der Berlinale verliehen. Zwar dient der Bär oft als Symbolfigur, aber der Umgang mit Bären ist nicht immer artgerecht. So gab es in Berlin z. B. bis 2015 einen Bärenzwinger. Seit einigen Jahren bemühen sich alternative Bärenparks, misshandelte Bären wieder aufzupäppeln und ihnen ein halbwegs artgerechtes Leben zu ermöglichen.

Das Image des Bären reicht vom kuscheligen Teddybären und Sympathieträger bis zum aggressiven Raubtier. Eisbärbabys erfreuen sich oft besonderer Beliebtheit, wie der kleine Knut im Berliner Zoo, der zum Medienstar wurde. In Comics und in der Kinderliteratur werden Bären oft als gutmütige, hilfsbereite, gesellige, gemütliche Tiere dargestellt, gelegentlich etwas tumb und einfältig. Weit ab von der biologischen Realität.

In den USA ist Winnie the Pooh – »ein Bär von geringem Verstand« – schon seit den 1920er-Jahren bekannt. Yogi Bär erfreute Kinder und Erwachsene seit den 1960er-Jahren. Eine der bekanntesten Bärenpersönlichkeiten ist der tanzende Balu – Wahlspruch: »Probier's mal mit Gemütlichkeit« – aus dem *Dschungelbuch* (1967). Daneben gibt es noch viele weitere Kunstfiguren: so u. a. Käpt'n Blaubär aus der *Sendung mit der Maus*, der gerne Seemannsgarn erzählt, Samson aus der *Sesamstraße* oder Bummi aus der gleichnamigen DDR-

Kinderzeitung, der Kinder mit der Welt vertraut machte. Alle sind lieb und gut verträglich (wie Haribo Bären).

Ihr Bild im Film ist deutlich gegensätzlicher. In *Auf Messers Schneide* (1997) werden die beiden Überlebenden eines Flugzeugabsturzes in Alaska, Anthony Hopkins und Alec Baldwin, tagelang von einem aggressiven Grizzlybären verfolgt, bis sie ihn erlegen. Bei dem Film *Grizzly – eine Bestie läuft Amok* (1976) sagt der Titel schon alles. Dagegen sind in Jean-Jacques Annauds Film *Der Bär* (1988) nicht die Bären – hier ein alter, großmütiger und ein junger, als Waise aufgewachsener Braunbär – die Bösewichter, sondern die Jäger, die das Muttertier erschossen haben.

Zu den in der Natur vorkommenden Großbären werden acht Unterarten gerechnet. Die bekanntesten Unterfamilien sind die Eis-/Polarbären, die Braun-/Grizzly-, die Schwarz- und die Pandabären. Weniger bekannt sind die Brillen-, Kragen-, Malaien- und Lippenbären. Manche Tierarten werden zwar gelegentlich Bären genannt, sind aber keine, z. B. Koalas, die zur Familie der Beuteltiere gehören.

Die physisch größte Gattung, die Polarbären, sind nur in der Arktis anzutreffen, rund um die nördliche Erdkugel. Ihre gegenwärtige Zahl wird auf 25.000 bis 28.000 geschätzt, die sich im Winter über eine riesige, aufgrund des Klimawandels aber schrumpfende Eisfläche verteilen. Die zahlenmäßig stärkste Population findet sich in den kanadischen Polargebieten. Die deutlich kleineren Schwarzbären, in Nordamerika fast überall verbreitet, gelten mit ca. 600.000 Exemplaren als nicht gefährdet. Die sehr seltenen und wegen ihrer Schwarz-Weiß-Färbung ansprechend anzusehenden Pandabären kommen hauptsächlich in den gebirgigen Bambuswäldern der chinesischen Provinz Sichuan vor.

Das weiteste Verbreitungsgebiet weisen Braunbären auf, ihre Population wird weltweit auf ca. 200.000 geschätzt. Es gibt sie im westlichen Nordamerika, insbesondere in den nördlichen Rocky Mountains, und fast überall in Alaska. In Nordamerika werden sie auch als Grizzlybären bezeichnet, primär diejenigen in den Gebirgsregionen, und von Braunbären in den küstennahen Gebieten unterschieden. Nicht zuletzt dank Karl May haben sie einen nicht gerechtfertigten bestialischen Ruf. Braunbären leben ebenso in den ausgedehnten Wald- und Gebirgsgebieten Russlands, im nördlichen China und auf der japanischen Insel Hokkaidō. Sie sind auch in vielen europäischen Regionen anzutreffen, u. a. in Finnland, Schweden, auf dem Balkan oder in Berlin. Die weitaus stärkste europäische Population lebt in den Karpaten, von Rumänien bis zur Hohen Tatra in der Slowakei und in Polen. Kleinere Gruppen gibt es in einigen Regionen in der Türkei, in Italien (Abruzzen, Trentino), im nördlichen Spanien (Asturien) und in den Pyrenäen.

Ein junger Braunbär aus dem Trentino, der auf den Namen Bruno getauft wurde (eigentlich JJ1), hat es im Jahr 2006 sogar über die Alpen bis nach Bayern geschafft, was ihm dort als Migrant aber nicht gut bekommen ist. Für einige Wochen avancierte er zum Medienereignis. Er bleibt in Erinnerung, weil ihm der damalige bayerische Ministerpräsident Edmund Stoiber den Titel »Problembär« verlieh, obgleich sich Bruno lediglich verhielt, wie sich Bären eben zu verhalten pflegen, mit einer Vorliebe für Bienenstöcke und leicht zu erbeutende

Tiere. Unvergessen bleibt Stoibers stotternde Rede, in der er wissenschaftlich innovativ zwischen Normalbären, Schadbären und Problembären differenzierte.

Bären weisen einige Gemeinsamkeiten, aber auch viele Unterschiede auf. Sie sind Einzelgänger und finden sich nur in der Paarungszeit zusammen. Ausnahmen sind Bärinnen mit Jungen oder während der Lachswanderungen, wenn Bären sich in größerer Zahl an Flüssen, Wasserfällen oder Stromschnellen versammeln. Bekannt hierfür sind insbesondere in Alaska der McNeil River und die Brooks Falls. Beide Orte sind beliebte Anziehungspunkte für Tierfilmer:innen und Tourist:innen. Eisbären können in größerer Zahl auftreten, wenn sie einen toten Wal gefunden haben oder auf das Zufrieren des Meeres warten wie beim Wintereinbruch an der kanadischen Hudson Bay.

Bären sind Raubtiere von unterschiedlicher Gefährlichkeit. Männliche Bären können ihren eigenen oder fremden Nachwuchs töten. Begegnungen zwischen Menschen und Bären sind immer riskant, je nach Aggressivität der Bärenart und der Situation des Zusammentreffens. Meist gehen Bären dem Menschen aus dem Weg, aber immer wieder kommt es zu Angriffen mit gelegentlich tödlichem Ausgang (wie vor Kurzem im Trentino). Oft ist das darauf zurückzuführen, dass sich die Menschen in Bärengebieten falsch verhalten. Gefährlich sind insbesondere überraschende Begegnungen, in denen Bären sich bedroht fühlen, solche mit Muttertieren, oder wenn Wanderer mit wohlriechenden Substanzen unterwegs sind. Oder wenn Personen auf der Suche nach dem perfekten Foto Bären zu nahekommen.

Bekannt geworden ist der Fall des amerikanischen Tierfilmers Timothy Treadwell, der sich regelmäßig für Filmaufnahmen im Katmai Nationalpark in Alaska aufhielt, aber im Jahr 2003 zusammen mit seiner Frau von einem alten Grizzly getötet, teilweise gefressen und vergraben wurde. Werner Herzog, der mit Treadwell befreundet war, hat aus hinterlassenen Filmsequenzen den hochgelobten Dokumentarfilm *Grizzly Man* aus dem Jahr 2005 zusammengestellt.

Mit Ausnahme von Eisbären ist es jedoch sehr selten, dass Bären Menschen als Nahrungsquelle angreifen. Eisbären gehören zu den Fleischfressern, weil es in ihrem Lebensraum kaum anderes gibt. Ansonsten nehmen Bären als Allesfresser je nach Art und Jahreszeit in unterschiedlichem Ausmaß pflanzliche und tierische Nahrung zu sich, auch Aas. In den küstennahen Regionen entlang der Flüsse gehen sie während der Saison vorzugsweise auf Lachsfang. Andere Bären wie Pandas leben ausschließlich vegetarisch. Aufgrund ihres schrumpfenden Lebensraums und oft schwieriger Nahrungssuche gelten viele Bärenarten als gefährdet. Wer wie der Autor zahlreiche Begegnungen und Erlebnisse mit Bären in der Wildnis hatte, entdeckt sie als eine faszinierende Tierart.

Andrä Wolter

Bar, die [baːɐ̯]

Eine Bar ist eine gastronomische Einrichtung, in der v. a. Getränke ausgeschenkt werden. Der Begriff geht auf das im 19. Jahrhundert verwendete englische Wort *bar* oder auch die altfranzösische barre zurück, was so viel wie *Querstange* bedeutet und damit auf die Theke in einer jeden Bar hinweist, vor die sich Gäste entweder stellen oder auf Barhockern setzen, um ihre vom Barpersonal zubereiteten Getränke zu konsumieren. In Berlin gibt es über 500 Bars, quer über die ganze Stadt verteilt. Die besten Bars sind vermutlich innerhalb des S-Bahnrings zu finden. Ob dem aber wirklich so ist, ist bekanntlich Geschmackssache.

Das »Velvet« in Berlin-Neukölln wurde 2023 zur besten »Bar des Jahres« gekürt. In Deutschland. Die beste Bar der Welt hingegen befindet sich in Barcelona. Sie trägt den traumhaften Namen »Paradiso«. Auf der hauseigenen Homepage macht die Bar Werbung für kostenintensive Mixology-Kurse. Für schlappe 300 Euro kann man in einem dreieinhalbstündigen Kurs seine Expertise in der Kunst der Mixologie verbessern, d. h. mehr über Geheimnisse der Zubereitung exklusiver Getränke erfahren, darüber, wie hochwertige Alkoholika nicht in einer Küche, sondern in einem Mixology-Labor redestilliert, wie Zutaten fermentiert oder fluoresziert werden. Man erfährt, wie man über den Zusatz von flüssigem Stickstoff Ingredienzien wie Sekt, gemischt mit sprudelndem Wasser, Mezcal, Hibiskus, Birkensirup, Wermut, Bitter und einem Hauch von Kaffee, zu einem neuen Geschmackserlebnis macht. Im Lokal kann man dann bei angenehm schummrigem Licht in holzvertäfelter Umgebung an einem der beiden Tresen Platz nehmen und dort einen Kriptonita, Evolution Negroni oder Cronos mit all seinen Sinnen genießen. Hier trinkt man nicht mit billigem Alkohol gepanschte Cocktails, keinen Long Island Ice Tea, keinen Piña Colada und auch keinen Tequila Sunrise – Cocktails, die am nächsten Morgen für einen heftigen Schädel sorgen. Hier genießt man gute Drinks, bestehend aus erlesenen, fein zusammengestellten Zutaten und geht dabei dem gepflegten Gespräch nach, sei es mit seiner Begleitung oder dem Barkeeper oder – seltener vertreten – der Barkeeperin. Denn die Barkeeper:innen einer guten Bar, sei es in Berlin oder im Rest der Welt, sind in der Regel hervorragende Gastgeber:innen. Sie wissen sich zurückgenommen zu unterhalten, sind Zuhörer:innen, Psycholog:innen und Unterhaltungstalente in einem. Sie kennen sich aus, drücken dem Gast nie ein Gespräch auf. Sie ehren den Gast, durch ihre Getränke und das freundliche, zuvorkommende Gespräch.

Eine Bar sollte man niemals mit einer gewöhnlichen Kneipe verwechseln. In der Bar wird das alkoholische Getränk und dessen Zubereitung gehuldigt. In einer Kneipe wird ein Bier nach dem anderen gezischt. Meist kombiniert mit einem Schnaps. Wer zuerst in der Ecke liegt, hat gewonnen. In einer für Berlin typischen Eck-Kneipe gibt es i. d. R. einen meist runden Stammtisch, in dessen Mitte ein riesengroßer Aschenbecher platziert ist, um den sich die immerselben Gäste zum geselligen Beisammensein, zum Kartenspielen und lauten, frivolen Gespräch treffen. In einer Bar hingegen ist nicht der Stammtisch, sondern der Tresen das Zentrum des Geschehens. Er füllt sich zumeist mit jenen Gästen, die über die Jahre eine enge Beziehung zum Tresenpersonal entwickelt haben, alleine, zu zweit oder in Gruppen immer wiederkommen und denen die Bar ein zweites Wohnzimmer geworden ist. Hinter dem Tresen findet sich das Universum ausgewählter, gut sortierter Getränke: bester Whiskey, Gin, Wodka, Rum, Wermut, Tequila, Orangenlikör; in der Kühlung: frisch zubereitete Orangen-, Zitronen- und Limettensäfte, eine Handvoll Softdrinks und ausgewählte Säfte, Crushed Ice und Ice Cubes in Form von Kugeln, Zylindern oder Würfeln unterschiedlicher Größen. Mit dem Barwerkzeug, bestehend aus mindestens einem Shaker, einem Rührglas, einem Barlöffel, einem Stößel, einem Barmaß, verschiedenen Sieben, einer Eisschaufel und Eiszange, einer Limettenpresse, einem Zestenreißer, einer Pinzette und einem Ausgießer, wird in einem dafür passenden Glas ein Grashopper, Gibson, Manhattan oder Old Fashion kreiert und anschließend dem Gast auf einer Serviette serviert.

Hinter der eingeschworenen Gemeinschaft, bestehend aus Stammgästen und Bartendern, finden sich in der Regel Zweier-, Vierer-, manchmal auch Sechsertische. Hier platzieren sich jene, die nicht so häufig in die Bar kommen. Sie kommen, um in passendem Ambiente das erste Date zu genießen oder in vertrauter Runde über Gott und die Welt zu reden. Die Tische selbst werden nicht von der Barkeeperin oder dem Barkeeper bedient, sondern in der Regel von Kellner:innen. Kellner:innen begrüßen, beraten, nehmen Bestellungen auf, ordern die Getränke beim Tresenpersonal. Sie liefern den gewünschten Trank, sorgen für Nachschub, halten Small Talk mit den Gästen, kassieren, leeren die Aschenbecher, reinigen die Gläser und sind dabei immer freundlich und zuvorkommend.

Selbstverständlich ist es in einer guten Bar nicht verboten, einen erlesenen Wein oder ein gut gekühltes Bier vom Zapfhahn zu trinken. Ähnlich wie in einer Kneipe wird man aber auch dort etwas schief angeschaut, wenn man den ganzen Abend bei einem Wasser oder einer Saftschorle bleibt. Auch sollte man nicht zu langsam und nicht zu schnell trinken, den Tisch nicht mit einem leeren Glas belegen. Man ist hier, um sich in einen leichten Rausch zu begeben und dafür braucht es regelmäßigen Nachschub. Bestellt man diesen nicht, wird man in immer kürzeren Abständen, anfänglich noch wohlwollend, später auch aggressiver werdend, vom Barpersonal angesprochen und ganz subtil oder auch sehr direkt gebeten, das Lokal zu verlassen. Häufig gar nicht erst rein kommen große Gruppen. Geburtstage oder Junggesell:innen-Abschiede sollte man woanders feiern. Gerne kann man dafür die »BESTE Bar« im Berliner Wedding aufsuchen. Auch wenn sie sich als beste Bar rühmt, würde sie mit ihren günstigen Bieren, Longdrinks und Cocktails, ihrem Wohnzimmerambiente, den Sofas, dem Kicker und den Brettspielen nicht zur Kategorie der guten Bar gehören. Mit jenem Interieur gehört sie eher zur Kategorie einer Kneipe.

Zwar tun manche das Treiben in einer Bar als Yuppietum ab. Für andere aber ist sie der Ort gepflegter Trinkkultur, eine Oase, die sich v. a. in Hauptstädten wie Berlin, Barcelona,

London, Mexico City, Paris, New York, Singapur, Bangkok, Madrid und Rom finden lässt, ein Ort, an dem den Gästen ein ganz erlesenes Repertoire flüssiger Gaumenfreude serviert wird, für das Kräuter destilliert, aufgegossen und fermentiert werden, delikate, gut angerichtete Getränke mit komplexen Geschmäckern und ausgesuchten Zutaten gereicht werden. In eine Bar geht man wegen eines guten Cocktails und nicht wegen des ordinären Biers. Sie ist ein ganz eigenes Universum sozialen Miteinanders.

Irene Leser

Bargeld, das [ˈbaːɐ̯ˌɡɛlt]

Bargeld – ob nun ganz real als Münze und Geldschein oder zunehmend als Cloud Money entmaterialisiert – hat schon lange keinen objektiven Substanzwert mehr, auch wenn es scheinbar als messbare Finanzkennzahl gilt. Vielmehr ist es ein umkämpftes Symbol, allgegenwärtig und in Berlin sogar durch den Frontmann der Einstürzenden Neubauten personalisiert.

»An Berlin finde ich angenehm, dass es nicht ums Geld geht«, sagte Herbert Grönemeyer 2023 im Interview mit dem *tip*-Magazin, um dann gleich zu relativieren, es gehe schon um Geld, sei »aber in den Gesprächen nicht das elementare Thema«. Über Geld spricht man nicht!

Es gibt viele solcher Redewendungen, wie etwa: Geld allein mache nicht glücklich. Man müsse es auch haben. Diese Aussage wird dem Berliner Soziologen Georg Simmel zugeschrieben. Er hatte vor über 120 Jahren in seiner *Philosophie des Geldes* dessen sinnliche Wirkungsmacht reflektiert und festgehalten, dass Geld mehr ist als nur eine abstrakte Rechengröße. Aber selbst als Rechengröße ist es eine Herausforderung. Ein Beispiel: Als ich gestern durch Berlin zog und stadttypisch eben nicht nur an einem Ort verweilte, sondern einige Bars besuchte, bezahlte ich verschiedene Preise. In einer Cocktailbar waren es acht Euro für ein Glas Wein (0,1 versteht sich). Am Ende hatte ich dort 40 Euro (45 Euro inklusive Trinkgeld) zu zahlen. »Cash only!« wurde mir signalisiert. Davor, in einer anderen eher urigen Kneipe gab es den 0,2-Wein für vier Euro. Dort hieß es lokalspezifisch: »Nur Bares ist Wahres«. Ich bot jeweils an, dass ich spülen könnte. Bei einem Stundenlohn von zehn Euro (Schwarzgeld versteht sich). Ich schlug also – ganz im Sinne von Karl Marx – ein Tauschgeschäft vor: Ware gegen Arbeitsleistung und -zeit.

Aber in welchem Verhältnis steht eigentlich Geld zur Arbeit? Kinderleicht ist die Antwort darauf nicht: Um den Handel zu intensiveren, wurde Geld »erfunden« und damit Arbeitsteilung überhaupt möglich, aber eben auch nötig. Vasif Öngören, ein Theaterschreiber und -regisseur, erklärt dies Kindern in *Des Märchens Kern* von 1980. Es hätte eigentlich – so das einstimmige Votum einer 13-köpfigen Einzeljury – mit dem Jugendbuchpreis 1979 ausgezeichnet werden sollen. Die Hauptjury (u. a. mit Mitgliedern des Bundesfamilienministeriums) entschied sich dann aber dagegen. Es war ihnen »zu politisch« (Klappentext) und dem Autor wurde eine »marxistische Grundauffassung« (*Frankfurter Rundschau*) vorgeworfen. Erzählt wird im Märchen, wie aus Tausch zum Eigenbedarf dann Handel wurde und Geld den Warentausch ersetzte, der für die einen Lohn, für die anderen Gewinn ist. Es entstehen Werte und Wertigkeiten, am Ende auch gesellschaftliche Ungleichheiten.

Wer muss also wie lange für ein Glas Wein arbeiten? Wer kann sich den 0,1-Wein für acht Euro leisten? Nicht viele!

»Haste mal 'ne Mark?« – ein stehender Satz am Kottbusser Tor, als ich in den 1990ern in Kreuzberg-SO 36 wohnte. Auf der Straße ist Bargeld immer noch das Zahlungsmittel Nummer 1. Aller Tendenz zum bargeldlosen Zahlen zum Trotze.

Nun eben »Haste mal ’nen Euro?«. Aber ist vorstellbar, dass irgendwann mit einem Kartenlesegerät »gebettelt« wird? Wessen Zukunftsvision könnte das sein? Bei Kartenzahlung im Restaurant heißt es oft: »Trinkgeld bitte extra in bar.«

Der Journalist, Aktivist und ehemalige Broker Brett Scott warnt in seinem Buch *Cloud Money*, dass wir durch elektronische Bezahlvorgänge (via Kreditkarte, Smartphone) zu gläsernen Menschen werden, da jede Transaktion Spuren hinterlässt, bei den Banken und Konzernen. Aber auch Regierungen haben Interesse an der ökonomischen Überwachung, oft mit dem Argument versehen, Bargeld befördere die Korruption und Geldwäsche. Aber was ist mit der Transparenz bei Banken und Geldhäusern, den Wächtern des Bargeldes? Der TV-Mehrteiler *Bad Banks* erzählt die Geschichte der Bilanzmanipulationen und staatlichen »Schutzschirm«-Rettungsaktionen, nachdem hochkomplexe Finanzprodukte kollabieren und in eine Bankenkrise führen. Ähnlichkeiten mit der Insolvenz der Investmentbank Lehman Brothers, in deren Folge eine Kettenreaktion an den Finanzmärkten ausgelöst wurde, sind unverkennbar. Hilmar Kopper, ehemaliger Vorstandssprecher der Deutschen Bank, sprach in solchen Fällen bei Bankverlusten (so bei den 50 Millionen D-Mark in den frühen 1990ern bei der Milliardenpleite des Immobilienunternehmers Jürgen Schneider) gerne von »Peanuts«. Bertolt Brecht hätte – wie er es in die *Dreigroschenoper* einschrieb – wohl hier entgegnet: »Was ist ein Einbruch in eine Bank gegen die Gründung einer Bank?«

Geld hat verschiedene Wertigkeiten, aber kaum mehr direkten Bezug zu den Waren, wie schon Simmel schrieb, und damit keinen Substanz-, sondern nur noch Symbolwert. Simmel schrieb sein Werk 1900, angesichts der Technisierung und Beschleunigung des Alltags, dem Aufkommen der Moderne im Berlin der Jahrhundertwende, ohne all die Wirrungen vorausahnen zu können, die sich in Berlin (und der Welt) um das Geld noch ereignen sollten: der Werteverlust des Geldes durch die Weltwirtschaftskrise Ende der 1920er; Geldfälschungsaktionen des Naziregimes als Kriegsmittel, um die britische Wirtschaft zu schwächen; die Währungsreform in der BRD nach Kriegsende, infolge derer in »Westdeutschland« die D-Mark im neuen »Wirtschaftswunder«-Land »neuen Glanz« erzeugte, während in der DDR das Aluminiumgeld (die einfache Mark) sich nur an den Händen abfärbte. Heute finden sich im Portemonnaie Ost und West zwar nicht mehr verschiedene Artefakte, die verschiedene Systeme repräsentieren, sondern die gleiche Euro-Währung, allerdings mit erheblichem Lohngefälle, Tendenz sogar steigend.

Geld war und ist ein Thema. Und wenn man in Berlin an Bargeld denkt, ist man schnell bei den Einstürzenden Neubauten mit ihrem Frontmann Blixa Bargeld. Eigentlich dürfte er in diesem Beitrag gar nicht auftauchen. Denn mit seinem Künstlernamen erweist er (bürgerlicher Name: Christian Emmerich) dem Dada-Künstler Baargeld seine Referenz, nicht dem einfachen Mammon. Aber Blixa passt *sowohl* zu Dadaismus, wie in dem Filmprojekt *Blixa Bargeld liest Hornbach* von Hermann Vaske zu sehen ist, in denen er die Prospekte des Baumarktes so rezitiert als wären es Literaturklassiker. Er passt *aber auch* zum Thema Geld. So soll das damalige Musiklabel der Band für ihre in den 1980er-Jahren vertriebenen Plattenproduktionen keinen Penny gezahlt haben, sodass sie nach einem Labelwechsel dann 2002 das erste Mal ihr Supporter-Projekt initiierten: »Fans« zahlen eine vorgegebene Summe, dürfen online bei den Proben/Studioaufnahmen dabei sein und erhalten neben Gimmicks eine Only-Supporter-Edition. Ist es ein Tauschgeschäft? Auf jeden Fall war es ein Erfolgskonzept. 2023 riefen die Neubauten zum fünften Mal zur Unterstützung auf.

Für eine Entkopplung ganz anderer Art steht das »Knochengeld-Experiment – Künstler machen Geld, die Galerie als Bank, die Wechselstube«, an dem auch der »geniale Dilettant« Wolfgang Müller, Frontmann der Berliner Künstlergruppe Die tödliche Doris, beteiligt war. Die Ende 1993 durchgeführte mehrwöchige Kunstaktion fand im Berliner Stadtteil Prenzlauer Berg unter Beteiligung von Geschäften und Gaststätten statt und sollte auf den Werteverlust des Geldes im Kapitalismus aufmerksam machen. Daher verloren die für den Umtausch im Verhältnis 1:1 erworbenen »Knochen« sukzessive an Wert, eine Aufwertung war durch aufklebbare Wertmarken möglich. Allerdings wurde nur ein geringer Teil der »Alternativ-Währung« in Umlauf gebracht. Viele behielten die »Kunstobjekte« als Sammelobjekte, Wertsteigerung inklusive.

Günter Mey

Bauen, das ['baʊ̯ən]

Bauen ist ein meist transitiv gebrauchtes Verb und umschreibt die Tätigkeit des plangemäßen Zusammenfügens einzelner Teile zu einem bestimmten Zweck. Die Bedeutung des Begriffs bezieht sich vorrangig auf die Errichtung von Gebäuden oder auch Straßen. Eine zweite Bedeutungsebene in der Ausformung »auf jemanden bauen« bezieht sich auf spezifische Erwartungshaltungen des gegenseitigen Vertrauens in meist auf Dauer angelegten Interaktionsbeziehungen. Eine umgangssprachliche Bedeutung als »lass uns einen bauen« beschreibt die gemeinschaftliche Absicht, in Papier eingedrehte bewusstseinserweiternde Substanzen zu inhalieren. Alle drei Sinnzusammenhänge haben für den Alltag in Berlin ihre jeweils eigene Bedeutung.

Das Bauen, insbesondere von Wohnungen und Straßen, ist historisch gesehen eine zentrale materielle Voraussetzung für die Entstehung von Städten, da sie als Behausung und Begegnungsräume die hoch verdichtete Konzentration von Bewohnerinnen und Bewohnern in relativ kleinen Räumen ermöglichen. Das Bundesamt für Statistik gibt für das Jahr 2021 eine Zahl von 332.052 Wohngebäuden in Berlin an, in denen insgesamt fast 3,8 Millionen Menschen leben. Im Schnitt wohnen demnach in jedem Haus etwa elf Menschen. Die Gesamtwohnfläche aller Wohnungen in Berlin beträgt 146 Millionen Quadratmeter und entspricht etwa 20.000

Fußballfeldern. Auf der Fläche von einem Fußballfeld richten sich also etwa 180 Personen häuslich ein.

Seit Anfang der 1990er-Jahre ist die Zahl der Einwohner:innen der Stadt von 3,4 Millionen auf fast 3,8 Millionen gewachsen und wenn die Bevölkerung wächst, brauchen mehr Menschen eine Wohnung. Um mehr Wohnungen in der Stadt zu haben, ist in den letzten Jahren der Ruf nach mehr und schnellerem Neubau immer lauter geworden. In vielen öffentlichen Stellungnahmen und fachpolitischen Diskussionen wird das Missverhältnis von wachsenden Einwohnerzahlen und schleppenden Bauaktivitäten als Hauptgrund für den akuten Wohnungsmangel und die steigenden Mietpreise angesehen. »Bauen, bauen, bauen« hat sich deshalb zum Schlachtruf all derer entwickelt, die auf eine marktförmige Lösung der Wohnungsfrage und die heilende Wirkung des Wachstums setzen.

Doch die simplifizierende Logik von den Neubauten, die die Mieten sinken lassen, hält der Wirklichkeit nicht stand. Auch unsere Art des Wohnens hat sich in den letzten 30 Jahren geändert, der Anteil von Alleinwohnenden hat sich von 44 auf über 50 Prozent erhöht. Statt der 34 Quadratmeter Wohnfläche pro Person liegt die durchschnittliche Wohnfläche inzwischen bei 40 Quadratmetern.

Pro Jahr werden seit 1990 im Durchschnitt etwa 10.600 Wohnungen fertiggestellt. Diese Bauaktivitäten erfolgen aber eher diskontinuierlich. Im Jahr 1997, angeregt durch attraktive Steuerabschreibungen für private Investitionen, verzeichnete das Amt für Statistik Berlin-Brandenburg 32.965 fertiggestellte Wohnungen in Berlin – im Jahr 2006 waren es lediglich 3.126 Wohnungen. In den fünf Jahren der rot-rot-grünen Regierungskoalition von 2017 bis 2021 wurden insgesamt 83.581 Wohnungen neu gebaut. Das entspricht einem deutlich überdurchschnittlichen Jahreswert von 16.716 Wohnungen. Trotzdem wurde die Regierung als Bauverhinderungskoalition kritisiert, weil weit mehr Wohnungen angekündigt waren.

Auf wen baut Berlin eigentlich, wenn es um den Wohnungsbau geht? Der Blick auf die Fertigstellungszahlen der vergangenen Jahre scheint eindeutig. Zwischen 2017 und 2021 wurden fast drei Viertel (73 Prozent) aller Neubauwohnungen von privaten Wohnungsunternehmen errichtet. Die landeseigenen Wohnungsbaugesellschaften haben mit 23 Prozent zum Neubau der letzten Jahre beigetragen und die Genossenschaften zu gerade einmal vier Prozent. Bauen in Berlin – so scheint es – ist eine vor allem private Angelegenheit. Doch nicht jede frei finanzierte Wohnung von privaten Bauträgern hilft unmittelbar, die soziale Wohnversorgung in der Stadt zu verbessern. Von den insgesamt über 61.000 Neubauwohnungen privater Bauträger und Wohnungsunternehmen wurden 33 Prozent als Eigentumswohnungen errichtet. Der Anteil von geförderten Sozialwohnungen lag bei lediglich 1,2 Prozent. Bei den öffentlichen Wohnungsunternehmen hingegen wurden vier von zehn Wohnungen in Förderprogrammen errichtet und unterliegen sogenannten Mietpreis- und Belegungsbindungen. Das bedeutet, die Vergabe der Wohnungen richtet sich an Haushalte mit geringen Einkommen, die über einen Wohnberechtigungsschein (WBS) verfügen. Die Miete darf die Fördermiete von zurzeit

7 €/m² (nettokalt) nicht überschreiten. Auch wenn Private deutlich mehr Wohnungen fertigstellen – wenn es um leistbare Wohnungen geht, muss Berlin v. a. auf die landeseigenen Wohnungsunternehmen bauen. Von den 8.200 neugebauten Sozialwohnungen der letzten Jahre wurden mehr als 7.400 Wohnungen von den öffentlichen Wohnungsunternehmen fertiggestellt. Bezahlbare Mieten bleiben also v. a. eine öffentliche Angelegenheit.

Trotz des eher mageren Beitrags von privaten Investitionen für die dringend benötigten Sozialwohnungen hält sich die Überzeugung, v. a. viel Neubau würde die Wohnungskrisen in den Städten mit angespannten Märkten lösen können. Erst angesichts der steigenden Bodenpreise, wachsenden Baukosten und immer höheren Neubaumieten setzt sich nach und nach die Erkenntnis durch, dass auch beim Bauen gilt: Viel hilft nicht immer viel. So absurd das Versprechen der Mietpreisentspannung durch eine beständige Überproduktion von Wohnungsneubauten angesichts der klimapolitischen Herausforderungen ist, so unrealistisch erscheint die Vorstellung, dass ausgerechnet private Investitionen für eine Marktentspannung sorgen sollten, die die Gewinnmargen der gesamten Branche reduziert. Ohne eine Aussicht auf steigende Mieten und hohe Erträge in der Zukunft gibt es keinen ökonomisch rationalen Anreiz, in den Neubau von Wohnungen zu investieren.

Erstaunlich, dass dennoch viele Politiker:innen auf die private Wohnungswirtschaft setzen, wenn sie die Wohnungsfrage lösen wollen. Bündnisse mit der Wohnungswirtschaft stehen daher hoch im Kurs, auch wenn sie in der Regel nur unverbindliche Selbstverpflichtungen für private Unternehmen nach sich ziehen.

Ob der leicht vernebelte Blick auf die Lösungspotenziale privater Investitionen auf die regelmäßigen Parteispenden von Immobilienfirmen zurückzuführen ist oder auf den regelmäßigen Konsum von Cannabis, lässt sich nicht eindeutig klären, denn beides ist aus dem Alltag in Berlin kaum wegzudenken. Die bundesweiten Statistiken zeigen, dass fast die Hälfte der Erwachsenen ab und an am Joint gezogen hat und dies immer noch tut. Nur wenige Prominente und Politiker:innen gestehen öffentlich ein, dass sie zur Erst-mal-einen-bauen-Fraktion gehören, und versuchen dem Thema eher auszuweichen. Damit gleicht der illegalisierte Drogenkonsum den Parteispenden – die auch auffällig oft verschleiert werden, etwa wenn Zuwendungen von Immobilienfirmen mit 9.999-Euro-Spenden knapp unter den meldepflichtigen Grenzwerten bleiben. Dabei könnte ein öffentliches Bekenntnis zum Cannabis-Konsum durchaus auch helfen, die aktuelle Wohnungskrise zu überwinden. Nach Schätzungen des Düsseldorf Institute for Competition Economics (DICE) an der Heinrich-Heine-Universität in Düsseldorf könnte eine Legalisierung von Cannabis dem Staat jährliche Einnahmen und Ersparnisse in der Höhe von bis zu 4,7 Milliarden Euro einbringen. Eine Summe mit der sich die aktuellen Bundeausgaben der Wohnungsbauförderung von 2,5 Milliarden Euro pro Jahr fast verdreifachen ließen.

Andrej Holm

Baustelle, die [baʊ|ʒtɛlə]

Zu Hause habe ich einen Kugelschreiber von der Senatsverwaltung für Stadtentwicklung, Bauen und Wohnen liegen. Auf ihm steht »Berlin baut«. Und ja, Berlin ist eine ewige Baustelle. Bekomme ich manchmal Besuch von ehemals hier Wohnenden, sagen die mir auf unseren Spaziergängen durch die Stadt: »Wow, schau mal, das Haus gab es hier früher nicht und das da auch nicht. Erstaunlich. Als ich hier noch wohnte, war alles so anders in dieser Stadt.« Ja. Berlin baut.

Baustellen kennt jeder. Es gibt sie überall: Großbaustellen, Wanderbaustellen, Baustellen im Straßen- und Wegebau, im Hoch- und Tiefbau, in der eigenen Wohnung oder der des Nachbarn. Eine Baustelle ist ein Ort, der für Veränderungen steht, egal, ob in Berlin, Brandenburg oder Bitterfeld. Vor allem Großbaustellen (wie es der BER lange war, der Gendarmenmarkt gerade ist und das Pergamonmuseum lange sein wird) faszinieren gerade dadurch, dass sie diese Veränderung unmittelbar und in Echtzeit erfahren lassen. Es sind plötzlich aufklaffende, tiefe Gruben, schnell hochgezogene Gerüste oder rasant gewachsene Häuserfassaden, die das Stadtbild verändern. Auf der Baustelle wird gesägt, gehämmert, gebohrt. Baustellen stehen für Dreck, Staub, Lärm. Zahlreiche Baufahrzeuge kommen zum Einsatz. Man kann Bagger, Baukompressoren, Betonmischer, Fräsen, Kräne, Planier- und Laderaupen, Tieflader, Vibrationsstampfer, Walzen und viele andere schwere Einsatzgeräte bewundern. Nicht nur Kinder beobachten fasziniert, auch Erwachsene bleiben zuweilen mit ihrem Blick an den übergroßen Maschinen und deren gewaltsamen und doch spielerisch-leichten Umgestaltungen einer Brache hängen. Auf der Baustelle treffen Personen unterschiedlicher Handwerksberufe aufeinander. Es begegnen sich Ausbaufacharbeiter:innen, Baugeräteführer:innen, Bauten- und Objektbeschichter:innen, Bauwerksabdichter:innen, Bauzeichner:innen, Beton- und Stahlbetonbauer:innen, Bodenleger:innen, Brunnenbauer:innen, Dachdecker:innen, Estrichleger:innen, Fachkräfte für Holz- und Bautenschutzarbeiten, Feuerungs- und Schornsteinbauer:innen, Fliesen-, Platten- und Mosaikleger:innen, Gerüstbauer:innen, Hochbaufacharbeiter:innen, Holz- und Bautenschützer:innen, Kanalbauer:innen, Maler:innen und Lackierer:innen, Maurer:innen, Naturwerksteinmechaniker:innen, Ofen- und Luftheizungsbauer:innen, Schornsteinfeger:innen, Steinmetz:innen und Steinbildhauer:innen, Straßenbauer:innen, Stuckateur:innen, Tiefbaufacharbeiter:innen, Trockenbaumonteur:innen, Wärme-, Kälte- und Schallschutzisolierer:innen, Werksteinhersteller:innen, Zimmerer:innen. Sie alle arbeiten zusammen, treffen auf Architekt:innen, Bauherr:innen und Bauleiter:innen. Sie vereint eine Mission: der Abriss, der Bau, die Schaffung von Neuem.

Die meisten im Bauhauptgewerbe, d. h. auf der Baustelle Arbeitenden, sind Männer. 2014 machten sie einen Anteil von mehr als 90 Prozent aus. Geht man an einer Baustelle vorbei, sieht man v. a. stämmige Männer, Bierbäuche vereinigen sich mit sehnigen oder muskelbepackten, allenfalls kräftigen Armen. Ein rauer Umgangston weht einem entgegen. Frauen sieht man kaum. Ein genauerer Blick auf die Beschäftigungsstatistik im Baugewerbe zeigt aber, dass Frauen durchaus in der Bauwirtschaft tätig sind. Sie arbeiten weniger im Aus-, Hoch- oder Tiefbau, sondern sind vorwiegend im Bereich der Bauplanung, d. h. in Ingenieurs- und Architekturbüros vertreten. 2019 waren es knapp 35 Prozent. Im Vergleich zur Gesamtwirtschaft haben in der Bauwirtschaft tätige Frauen viel häufiger einen akademischen Berufsabschluss. Hier verfügen ganze 46 Prozent über eine hochschulbasierte Ausbildung, gesamtwirtschaftlich sind es gerade einmal 14 Prozent. Entsprechend werden in der Baubranche Frauen überwiegend in Berufen mit hoch komplexen Tätigkeiten eingesetzt. Auf der Baustelle selbst sind sie in der Unterzahl. Vielen von ihnen ist es dort wahrscheinlich zu laut, zu dreckig, zu rau. Die Verhältnisse, die z. B. in allen mit Care-Arbeit assoziierten Branchen zu einer feministischen Kritik der Ausbeutung von Frauen geführt haben, scheinen hier umgekehrt: Nicht die Frauen sind es, die im Baugewerbe ihre »Haut zu Markte tragen«, wie Karl Marx es ausdrückte; es sind Männer, die ihre Lungen verschiedensten giftigen Dämpfen und Staubwolken, ihre Haut einer karzinogenen Dauerbesonnung und allgemein ihre Körper einer durch laxe Arbeitsschutzmaßnahmen kaum gebändigten, omnipräsenten Verletzungsgefahr aussetzen.

Ein weiteres Phänomen, das die Baubranche prägt und neue, gruppenspezifische Ungleichheitsverhältnisse schafft, ist der sogenannte Fachkräftemangel. Der Fachkräftemangel ist eine Entwicklung, die sich seit der Bildungsexpansion in den 1970er-Jahren, der anhaltenden niedrigen Geburtenrate und dem Wissen darüber, dass die sogenannten Babyboomer bald in den wohlverdienten Ruhestand wechseln, abzeichnet. Kaum jemand möchte in schlecht bezahlten, handwerklichen Berufen und dafür unter umso größerer körperlicher Belastung arbeiten. Jugendliche von heute wollen lieber Lehrer:in, Ärztin oder Arzt, Architekt:in, Psycholog:in, Ingenieur:in oder Informatiker:in werden, als auf der Baustelle zu arbeiten. Es zeigt sich darin ein sich schon länger abzeichnender Trend hin zur Akademisierung der Arbeitswelt. Zurzeit kann die Baubranche dem Arbeitskräftemangel noch durch Anwerbungen von Fachkräften, v. a. aus dem europäischen Ausland, begegnen. Dies führte dazu, dass der Anteil an ausländischen Beschäftigten auf deutschen Baustellen in den vergangenen Jahren deutlich angestiegen ist. Hatten 2009 gerade einmal 7,7 Prozent der auf der Baustelle Beschäftigten einen ausländischen Pass, so waren es im Jahr 2019 schon 19,5 Prozent. Manch eine:r bezeichnet das damit einhergehende Phänomen als ethnische Unterschichtung der Gesellschaft. Die Lücke, die durch die mittlerweile aufgestiegene, vorherige Unterschicht entsteht, wird durch Zu- bzw. Einwanderer:innen aufgefüllt. Dies zeigt natürlich auch, dass es zur Aufrechterhaltung des deutschen Wirtschafts- und Sozialstaatlichkeitsprinzips der Zuwanderung bedarf. Wir benötigen Zuzüge aus dem Ausland, um dem dystopisch anmutenden Zukunftsentwurf einer schrumpfenden und überalternden deutschen Gesellschaft etwas entgegenzustellen. Entsprechend haben wir es gesamtgesellschaftlich mit starken Veränderungen zu tun, die man im übertragenen Sinne als Baustelle bezeichnen kann. Jene Veränderungen sorgen für innergesellschaftliche Spannungen, die – und auch hier bleiben wir im Bild der Baustelle – nur mit schwerem Gerät zu bearbeiten sind, d. h. mit strukturellen Veränderungen und gesetzlichen Regelungen. Wenn entsprechendes Gerät auf der gesellschaftlichen Baustelle aufgefahren wird, so könnte die handwerkliche Baustelle sogar zu einer Utopie werden: als Ort der Begegnung vieler verschiedener Menschen unterschiedlicher Nationen, der dazu beiträgt, dass Europa und vielleicht irgendwann sogar die ganze Welt zusammenwächst, hin zu einem geeinten Europa, einer geeinten Welt, indem gemeinsam Bleibendes und Sinnhaftes geschaffen wird.

Irene Leser

Bayern ['baɪ̯ɐn]

Dass der Bayer den Preißn nicht mag, ist eine geschichtliche Binsenweisheit. Und doch ziehen jedes Jahr Bayern nach Berlin. Allein 2021 waren es 2224 Personen. In Schöneberg gibt es das Bayrische Viertel mit seinem Bayrischen Platz, der seit 1908 an das damalige Königreich und den heutigen Freistaat erinnert. In zahlreichen Lokalen kann man die Bayrische Küche genießen, so u. a. im Weissen Rössl in Lichterfelde, im Maria & Josef in Steglitz oder im altbayrischen Restaurant »Zum Hax'nwirt« in Wilmersdorf. Bayern lebt in Berlin. Der eine Bayer länger, der andere kürzer.

»Gott mit dir, du Land der Bayern«. Ganz selbstverständlich und mit großer Begeisterung habe ich in der Grundschule die bayerische Hymne auswendig gelernt. Ebenso normal war es für mich, dass das Radio auf Bayern 1 gestellt war, auf dem um Mitternacht nach den Nachrichten immer diese Hymne gespielt wird. War ich noch wach, hielt ich kurz inne, freute mich und sang textsicher: »Deutsche Erde, Vaterland!«

Das bayerische Vaterland ist dabei keineswegs immer ganz geeint, das musste ich schon früh feststellen. Das echte Bayern, deren Einwohner:innen sich auf ihre bajuwarische Herkunft bis aus dem Mittelalter berufen können, ist Altbayern. Altbayern besteht aus Oberbayern, Niederbayern und der Oberpfalz. Das sind die Bezirke im Süden und Osten Bayerns, in denen alle Klischees wahr werden können: breitester bayerischer Dialekt, wahnwitzige Traditionen, saftige Wiesen und Tannenwälder, Lederhose und Dirndl, Berge und Alpenseen. München mit seinem Oktoberfest und seiner Schikeria liegt dort natürlich auch. Aber Bayern besteht nicht nur aus diesen drei Bezirken. Die andere Hälfte teilt sich in (bayerisch) Schwaben und die drei Frankens auf, Ober-, Mittel- und Unterfranken, die von den echten Bayer:innen nur dann akzeptiert werden, wenn man sich gegen Nicht-Gebürtige zur Wehr setzen muss.

Vermutlich bin ich aus urbayrischer Sicht daher auch nicht wirklich geeignet, diesen Beitrag zu schreiben. Ich bin in Augsburg aufgewachsen, der Regierungshauptstadt Schwabens. Für mich sind Spätzle zum Braten eine ebenso legitime Beilage wie Knödel. Allein dafür würden mich einige meiner Landsleute gerne aus »ihrem« Bayern ausschließen. Dazu hat mein Dialekt schon viele Begriffe und Anleihen aus dem Schwaben Baden-Württembergs; immerhin noch ein Bundesland, das in Altbayern nicht ganz so verhasst ist wie der Rest der Bundesrepublik. Die Abneigung gegenüber den bayerischen Schwaben ist vielleicht auch deshalb nicht ganz so schlimm wie gegenüber den Franken, weil dort auch das Allgäu liegt. Schönstes Alpenvorland geht hier in genau die Berglandschaft über, die man aus der Werbung kennt. Milchkühe, natürlich mit braunem Fell und nicht so schwarz-weiß wie die Kühe der sogenannten Fischköpfe, auf idyllischen Almen, üppige Geranien, die von einem hölzernen Bauernhaus-Balkon herunterhängen, heile Natur.

Im Gegensatz dazu können die drei Frankens kaum bayerische Klischees erfüllen, wenn man mal von der Bier-Tradition absieht. Überhaupt Bier: In keinem anderen Bundesland erscheint mir der Umgang mit diesem Gebräu so absurd verklärt. Es scheint völlig normal zu sein, den Schnuller von Babys kurz in Bier zu tunken, damit das Kind besser schläft. In der Wirtschaft, wie man ganz selbstverständlich zu jedem Restaurant in Bayern sagt, sieht man kleine Kinder, die mit einem kleinen Löffel den Bierschaum abschöpfen und probieren dürfen. Ist ja nur Schaum.

An der Wiesn zeigt sich jedes Jahr die Ambivalenz des Bundeslands. Einerseits offen und gastfreundlich, wo am Bierzelttisch die bayrischsten Bayer:innen überhaupt mit Menschen aus aller Welt sitzen, anstoßen und zusammen singen, um sich dann aber eine Minute später darüber lustig zu machen, dass man den Maßkrug mit seinem Liter goldenen Gebräu »falsch« hält. Oder wenn man bei der feschen Bedienung im Bierzelt einen halben Broiler bestellt statt ein halbes Hendl. Ein dummer Kommentar von der Seite ist auch gewiss, wenn man den Liter Bier nicht schnell genug getrunken hat, woraufhin man als zugereiste Person das nun sprudellose und fahle Getränk als schal bezeichnet. Wie kann man nur, das Bier ist natürlich lack! »Schal ist, was man im Winter anzieht!« Gehässiges Lachen aus bayerischem Mund.

Um dieser Engstirnigkeit und Gehässigkeit zu entfliehen, bin ich schon vor vielen Jahren nach Berlin gezogen. Aus bayerischer Perspektive ist Berlin der Endgegner, denn es liegt mitten in »Saupreußen«. Es hat gedauert, bis ich erkannt habe, dass dieser Hass durchaus einseitiger ist als erwartet. Es ist nicht so, dass ich als Bayerin herzlich willkommen geheißen wurde. Doch als »Sau-Bayer« oder »Weißwurstfresserin«, was vermutlich das gängigere Pendant ist, wurde ich nie beschimpft. Oft wurde mir eher Mitleid entgegengebracht. Aus Bayern zu kommen ist nichts, worauf man wirklich stolz ist, wenn man längere Zeit außerhalb der bayerischen Grenze gelebt hat.

Na ja, vielleicht, wenn man nach Österreich geht. Ich habe selbst ein halbes Jahr in Österreich gelebt, da wurde ich als Bayerin von den Einheimischen deutlich schneller und herzlicher aufgenommen als Zugezogene aus andern Ecken Deutschlands. Während meine Bremer WG-Mitbewohnerin nach mehreren Jahren immer noch nicht richtig akzeptiert wurde, hatte ich mit dem Ober im Kaffeehaus ebenso wie der Verkäuferin im Tabak-Trafik innerhalb kürzester Zeit Freundschaft geschlossen. Aber außerhalb dieser bayerisch-österreichischen Grenze versuchte ich oft meine Herkunft nicht auf einem goldenen Tablett zu präsentieren und bin stolz, wenn jemand nach mehreren Stunden Gespräch, falls das Thema doch irgendwie darauf kommt, sagt: »Oh, du kommst aus Bayern? Das hätte ich nicht gedacht.« Denn es war und ist für mich beschämend, aus einem Bundesland zu kommen, das regelmäßig seine Geberrolle im Länderfinanzausgleich betont, um damit irrwitzige politische Forderungen zu begründen. Üblicherweise recht konservative Forderungen, was kein Wunder ist, für eine progressive Haltung wird man in Bayern nicht gewählt. Auch Frauen sollen sich nach Ansicht eines Großteils der bayerischen Wähler:innen anscheinend lieber um Küche, Kind und Kirche kümmern als um Politik: Der Frauenanteil des Bayerischen Landtags lag 2019 bei gerademal 26,8 Prozent. Während die institutionelle Betreuung der Kinder in Bayern in der Regel erst recht spät durch Kindergarten und Co. erfolgt, wird die gemeine Hausfrau immerhin in Bezug auf ihre kirchlichen Aufgaben etwas entlastet. Denn so, wie in vielen Hotelzimmern die Bibel liegt, hat die katholische Kirche in Bayern gefühlt an jeder Ecke zur göttlichen Unterstützung ein Kruzifix aufgehängt. Zusätzlich haben die heiligen drei Könige die meisten Türen mit 20*C+M-B*23 getaggt. Vermutlich das einzige Graffiti, das der bayerische Rechtsstaat nicht direkt mit mehreren Jahren Freiheitsstrafe bestraft.

Trotz all dieser Baustellen und dem traditionellen Blödsinn überkommt mich immer wieder Heimweh. Dann bilde ich mir ein, dass ich unbedingt ein Wolpertinger in meiner Wohnung brauche. Das Wolpertinger ist ein fabelhaftes Tier bzw. vielmehr ein Mix aus verschiedenen Tieren, das in vielen bayerischen Wohnzimmern ausgestopft in einem Regal sitzt. Stundenlang suche ich auf Ebay, bis mein folkloristischer Anfall wieder abnimmt und ich mein Geld lieber für einen neuen Pulli ausgebe. Oder in die maßlos überteuerte Breze für zwei Euro beim Bäcker in Berlin-Mitte investiere, weil sie geschmacklich mit Abstand am nächsten an das rankommt, was ich aus meinen Kindheitstagen als perfekte Breze erinnere. Wenn ich dann noch Zeit und Muße habe, mir einen richtig leckeren Obatzen nach dem Rezept meines Papas zuzubereiten und diese perfekte Kombination aus Breze und Käse-Matsch meine Geschmacksknospen erreicht, bin ich im siebten Himmel.

Tanja Mayer

Begehren, das [bəˈgeːʁən]

Dem Duden zufolge heißt Begehren 1.) nach jemandem oder etwas heftiges Verlangen zu haben; es gerne erreichen oder haben zu wollen. 2.) wird es im Kontext der Begierde, z. B. unbedingt mit jemanden reden oder etwas Bestimmtes essen zu wollen, verwendet und 3.) – etwas altbacken – wenn man fordernd etwas erbittet, wie z. B. einen Einlass begehrt. Als Synonym werden gerne Wörter wie anstreben, erpicht sein, erstreben oder sich erträumen verwendet. Das Verb geht auf das Adjektiv »ger« zurück, das u. a. mit Gier verwandt ist.

An einem Novembernachmittag 2022 an der Humboldt-Universität zu Berlin kam es in einem Berliner Uniseminar zu einem Aufbegehren. Während Begriffe und Konzepte von sex, gender und desire geklärt wurden, stellte ein:e Studierende:r die ketzerische Frage, was alles unter Begehren verstanden werden könne. Die Person wollte wissen, ob es Begehren jenseits des Sexuellen gebe. Eine gute Frage, lässt sich Begehren doch in verschiedenen Ausdrucksformen, kontextuell und stark verwoben denken. Gehen wir dafür in a nutshell durch eine kleine (Berliner) Geschichte des Begehrens.

Starten wir bei Foucault, der Berlin 1977 besuchte. In seinem Buch *Der Wille zum Wissen* legte er eine Geschichte der sozialen Beeinflussung sexueller Praktiken zwischen – vornehmlich gegengeschlechtlich – begehrenden Menschen vor, wobei er zwei wichtige Diskurse verband: den über die

Sexualität und ein Wissen von dieser. Beim Diskurs zur Sexualität bediente er sich des Sexualunterdrückungsdiskurses, auch bekannt als »Repressionshypothese«, die sich v. a. Wilhelm Reichs Berlin-Aufenthalt und der von ihm entwickelten (proletarischen) Sex-Politik verdankt. Dieser Diskurs befasste sich mit der bis 1900 prominentesten Form der Sexualerziehung, der Unterdrückung des Begehrens, und brachte uns den Storch und einige andere Ablenkungen. Gemäß der Hypothese würden die Herrschenden zwecks Machterhalt und wie man heute sagen würde »Optimierung der Arbeitskraft« die Sexualität der Beherrschten unterdrücken. Foucault nun zeigt auf, dass diese Unterdrückung mit einer wissenschaftlichen Aufmerksamkeit für und Beobachtung von menschlicher Sexualität sowie der Wissensproduktion über diese verbunden war. Foucault initiierte so die Geschichte der Diskursivierung der menschlichen Sexualität, beginnend bei der griechischen »ars erotica« bis hin zur in seiner Lebenszeit noch immer herrschenden Unterdrückung der Homosexualität. Foucault schrieb damit eine Geschichte der De-Zentrierung sexueller Aktivität, blieb aber noch immer in binären Schemata verstrickt.

Anders als Hirschfeld, der schon ab den 1920er-Jahren an seinem Institut für Sexualwissenschaft in Berlin-Tiergarten die Binarität zugunsten eines Spektrums »sexueller Zwischenstufen« von weiblich bis männlich auflöste. Judith Butler, Berlin-Liebhaberin, schließlich dekonstruierte in den 1990er-Jahren das am Geschlecht orientierte Ordnungsschema und die Hegemonie des hieran orientierten Begehrens. Sie attestierte Berlin (und anderen Großstädten) in den 1990er- und 2000er-Jahren eine Vervielfältigung von Begehrens-Identitäten. Die Clubkultur und billige Mieten machten Berlin international attraktiv und damit begehrenspolitisch relevant. Eine Vielzahl von identitätspolitischem und sexpositivem queeren Aktivismus entstand, entwickelte Begehrensformen und verknüpfte Diskurse weiter, die sich nun mehr und mehr von Körpern lösten und neue Objekte, Ausdrucksweisen und Praktiken des Begehrens sowie verknüpfte Identitäten sichtbar machte.

Und damit wurde es rund um das Begehren wirklich kompliziert (in Berlin und auf der Welt): Binäre Ordnungsmuster sexuellen Begehrens waren dekonstruiert, mögliche Begehrenspraktiken entgrenzt, nicht länger auf bestimmte Körperbereiche oder Körpernormen reduziert, selbst die möglichen sozialen Beziehungskonstellationen, in denen Begehrenspraktiken früher angesiedelt waren, wurden vervielfältigt (Monogamie bis Polyamorie als neues Spektrum), sodass die begehrten Körper, die begehrten Praktiken, die begehrten Settings sexueller Aktivität nicht mehr klar sind. Darüber hinaus gibt es Menschen, die sich als asexuell oder aromantisch verstehen, nicht mehr sexuell oder romantisch begehren, nicht mehr begehrtes Gender sein wollen oder entlang von Gendernormen begehren (non-binary, Dezentrierung sexualisierter Körper), nicht mehr vorgegebenen Scripts folgen wollen, keine Eheratgeber oder Pornos nachspielen, sondern konsensuell besprechen, was sie (miteinander) begehren. Und das ist gut so, aber auch kompliziert. Leben wir also mittlerweile in einer Zeit des »Begehrens nach der Dekonstruktion«? Einige Hinweise sprechen dafür.

Aus dekonstruktivistischer Perspektive gesprochen gibt es z. B. keine Scripts, keine Rollen und Relationen, keine Praktiken oder Abläufe, keine anvisierten Ergebnisse, aber eines bleibt: Die implizite Erwartung in irgendeiner Form Begehren sozial zu realisieren, Sex zu haben, Bindungen einzugehen, irgendwie sich in irgendeiner Konstellation auf irgendwen oder im irgendetwas sexuell zu beziehen. Einmalig, manchmal, repetitiv, egal – Hauptsache sex happens.

Solche Erwartungen weisen asexuelle und aromantische Akteur:innen, zumeist ausgehend von Erfahrungen und selbstgewählten Identitäten, zurück. Sie wenden sich gegen die Pflicht zur Sexualität und dessen sozialer Rahmung (Romantik) bzw. deren normierenden Vorschriften, dass es beispielsweise klare romantische (Sexpartner:innen) und nicht-romantische (Friends)-Rollen und -Relationen geben soll.

Ein zweiter Diskurs analysiert, wie verschiedene Ebenen des Begehrens in Kindheit und Jugend miteinander verknüpft sein und überlagert auftreten können. So beschreibt Carolin Emcke in ihrem Buch *Wie wir begehren* wie die Zwangsordnung von Geschlecht, Geschlechtsidentität und Begehren, im Aufwachsen und dem Eintritt in das Jugendalter immer virulenter wird. Wenn im sexuellen Spiel von Kindern Genitalien im Spiel sind, die betrachtet werden (möchten), zeigt sich das Begehren einerseits im Begehren nach Wissen/Neugier (ich möchte wissen und sehen, wie z. B. eine Vorhaut zurückgeschoben wird) und andererseits dem Begehren nach Objekten (ich gebe meinen geliebten Schlumpf als Tauschobjekt her, weil ich wissen und sehen möchte, wie die Vorhaut zurückgeschoben wird). Damit ist das auf der Vorderbühne »nur« sexuell erscheinende Begehren mit anderen Begehrensformen verbunden.

Daneben zeigt Mai-Anh Boger mit der Theorie der trilemmatischen Inklusion noch ein weiteres Diskursfeld auf. Bogner erläutert, wie sich Begehren als Widerspruchs- und Widerstreitfigur am Beispiel von Inklusion bzw. Anti-Diskriminierung nachzeichnen lässt. Sie schreibt, dass die Grundformen des Begehrens diskriminierter Subjekte – ebenso wie alles menschliche Begehren – dissonant sind. Das Begehren nach Inklusion zeigt sich hier in Form des Begehrens von Empowerment, Normalisierung oder Dekonstruktion, die aber in der trilemmatischen Theorie niemals alle drei gleichzeitig eingelöst werden können, sondern immer jeweils nur zwei gleichzeitig. So lassen sich mit Boger drei verschiedene Begehrensformen nach Inklusion und Anti-Diskriminierung festhalten: 1. das Begehren als Andere:r an einer Normalität teilhaben zu dürfen, 2. das Begehren in seiner:ihrer Individualität ohne Zuschreibung von Andersheit gesehen zu werden und 3. das Begehren danach, in seiner:ihrer Andersheit selbstbestimmt sein zu dürfen und den Normalisierungsdruck widerständig zu verweigern. Was die drei Begehrensformen, trotz ihrer Unterschiedlichkeit, in der Ausdifferenzierung eint, ist der Wunsch nach etwas, was (noch) nicht ist; in diesem Fall eine inklusive(re) Gesellschaft.

So ist die Frage, was alles unter Begehren verstanden werden kann, in den letzten 20 Jahren erfreulicherweise komplizierter geworden – und nach dieser Komplexität fragte der:die Studierende. Eine vollkomme Einlösung des Versprechens *alles* zu *etwas* zu sagen, zu verstehen oder auszuführen, ist kaum möglich, stattdessen lässt sich zeigen, was Begehren *auch* alles sein kann: vieles! Zum Glück für die Studierenden, sind sie hier in Berlin aktuell gerade so noch am richtigen Ort um ihrem Begehren nach Wissen zum Begehren nachzugehen, im – aber v. a. auch außerhalb – des Seminarraums.

Lena Staab und Daniel Töpper

Benz, der [bɛns]

Der Autohersteller Benz hat sich 2015 für mindestens 20 Jahre mit seiner Mercedes-Benz Arena (ehemals O_2 World) auf dem Gebiet der Mediaspree in die Berliner Stadtgeschichte hineingeschrieben. Die Arena ist Heimspielstätte für die Eisbären und Alba Berlin. Regelmäßig finden in ihr Basketballspiele der EuroLeague statt. Aber auch Konzerte von Helene Fischer, 50Cent, Madonna, Shows vom Cirque du Soleil, Martin Rütter oder den Ehrlich Brothers kann man hier erleben. Und gleich gegenüber kann man die Eastside Gallery bestaunen oder in der Gallery Rooftop Bar einen Cocktail genießen.

Gestatten, mein Name ist Benz: Frank Benz. Geschrieben wie das Auto, sag ich immer. Ich bin Baujahr 1966, aufgewachsen in den Geheimgängen eines Einkaufszentrums. Selbstverständlich bin ich nicht das Auto, kein Mercedes Benz. Ich habe nicht mal einen besessen, in meinem ganzen Leben noch nicht. Aber mein Onkel hatte einen, einen Mercedes Benz 300 SE, Baujahr 1966, mein Jahrgang. Ein Cabrio. Das ist wirklich eine wunderschöne Riesenlimousine. Ein Traum für jeden Oldtimerliebhaber. Ich allerdings bin eher ein klein geratener Benz. Sitze ich tief im Fahrersitz der Benz 300/SE-Riesenlimousine, kann ich noch nicht einmal über das aus Elfenbein bestehende Lenkrad schauen, sondern muss mich mit dem Blick durch den auf meiner Augenhöhe befindlichen Mercedes-Sterns begnügen. Es hat allerdings den Vorteil, dass ich durch den Mercedes-Stern hindurch, ganz wie ein Großwildjäger, neidische Passant:innen ins Visier bzw. aufs Korn nehmen könnte.

Manch böse Zungen vergleichen mich mit der Benz A-Klasse. Diese kleine Benz-Variante hatte allerdings einen Schönheitsfehler. Schon bei geringster Geschwindigkeit oder kleinster Windböe kippte der kleine Benz in engen Kurven zur Seite und überschlug sich. Diese Schmach wurde als Elchtest weltberühmt. Das kann dem Benz 300 SE natürlich nicht passieren. Er ist schwer wie ein Panzer. Da kippt nix. Da hilft es doch, dass man in der NS-Zeit Tausende Panzer für die Wehrmacht gebaut hat. Ich gebe zu, bei mir blieb bei dem Gedanken in jungen Jahren ein schales Gefühl zurück: Ich, mein Name, ein Rüstungslieferant für Hitlers Kriegstreiben? Dem musste ich etwas entgegensetzen. Also wurde ich mit 16 Jahren Asket: Ich liebte den japanischen Minimalismus. Auf meinem Pferdehaar-Futon saß ich in meinem mit schwarzem Teppich ausgelegten absolut leeren Zimmer im Schneidersitz. Als einziges Möbelstück kleidete ein Bananenbaum mein Zimmer. Ich vertiefte mich in die Aphorismen Nietzsches, machte Tai-Chi, las Hesses *Siddhartha* und lernte dabei so einiges. Ich ließ meine Haare wachsen, band sie zum Zopf, fragte mich, ob ich meinen eigenen Hund essen könnte, verneinte es, wurde Vegetarier und verweigerte den Wehrdienst.

Nun, woher kommt der Name Benz? Mein Vater hieß Hans Benz. Ich habe ihn nie kennengelernt. Er starb sechs Wochen vor meiner Geburt. Mit einer Schaufel Erde in der Hand sang meine Mutter vielleicht am Grab: »Papa was a

Rolling Stone« und ihr rollten die Tränen die Wangen herab. Immer wenn ich diesen Song von den Temptations höre, muss ich einfach auf die Tanzfläche springen und meinem Vater im Stillen huldigen. Für mich aber war Papa kein rollender Stein. Für mich war mein Vater wie ein Gott, zu dem ich manchmal sprach, wenn ich nach Antworten suchte. Meine Mutter muss ihn sehr geliebt haben.

Später stellte sich heraus, dass mein Vater vielleicht doch kein Gott, sondern bestenfalls ein Halbgott war, der eine nicht geringe Verwüstung bei seiner ersten Frau hinterlassen hatte. In der Nachkriegszeit versetzte er die Einbauküche seiner Ex-Frau. Die wusste nichts davon und wurde vor vollendete Tatsachen gestellt, als zwei freundliche Herren vor ihrer Tür standen und die Einbauküche mitnehmen wollten. Aber meine Mutter hat er geliebt.

Mein Familienname stammt vermutlich aus dem alemannischen Raum und ist eine verbreitete Koseform von Bernhard, was stark wie ein Bär bedeutet. Der Bär ist in den Benz eingeschrieben. Die langgeschwungene Fronthaube des Benz 300 SE/Cabrios sieht aus wie ein gutgelaunter Bär mit freundlichen Augen. Apropos Bär ... Ich wollte mal von Bern nach Frankfurt trampen. Ich hatte Glück. Schon auf dem Weg zur Raststätte sah ich vor uns einen dicken Benz mit Frankfurter Nummernschild, ein richtiges Angeber-Auto. Sogleich sprach ich den Fahrer an. Dieser war braun gebrannt und hatte eine blond gefärbte Vokuhila-Frisur. Ehrlich gesagt sah er aus wie ein Zuhälter. »Natürlich kannst du mitfahren, allerdings nur, wenn du selbst fährst. Ich komme direkt aus Florida und habe nicht geschlafen.« So kam es, dass ich das erste und letzte Mal einen dicken Benz fuhr. Ich fuhr mit 200 Sachen in meine Heimatstadt ein, und hinten schlief eine zugekokste Rotlichtgröße.

Der Name Benz trägt sich durch mein Leben. Benz, eine Luxuskarosse, gebaut seit 1926. Noch heute produziert Benz Limousinen, SUVs, Coupés, Cabriolets, Vans u. a. Großgeräte, mit Front- und nicht mit Hinterradantrieb, wie beim BMW. Klar, das Bild des typischen Benz-Fahrers ist ein alter, reicher und sehr konservativ ausblickender Mann mit Hut, kein Sportler, wenn höchstens Golfspieler. Aber die gehobene Klasse verpflichtet.

Benz, Benzi oder Benzo nennen mich liebevoll gute Freunde. Ich fühle mich geschmeichelt, wenn man mich einfach nur Benz ruft: »Lass den Benz das doch erledigen.« Irgendwie will man diesem Namen gerecht werden. Benz, ein Name, der verpflichtet. Ein Name wie ein stilles Versprechen von Verlässlichkeit. Zumindest im autosüchtigen Deutschland. Ich für meinen Teil bin immer gut gefahren mit dem Namen Benz. Gerne unterschreibe ich auch mal mit Benzomat. Vielleicht möchte ich für meine Freund:innen auch so ein stiller Diener sein, der nicht nachfragt, ihnen die Tür des 300 SE öffnet und sie sich einfach nur fallen lassen können. »Wo soll's denn hingehen?«, fragt der Benz. »Das überlasse ich dir«, die Antwort. Ganz selten unterschreib ich auch mal einfach nur mit Auto.

Man kommt einfach nicht umhin, sich irgendwie zu dem Namen Benz zu verhalten. Als wir unsere Tochter auf dem Standesamt anmelden wollten, raunte die Standesbeamtin uns, als wir noch mit dem Kinderwagen in der Tür standen, fröhlich entgegen: »Na, wie soll die Tochter denn heißen?« und ich erwiderte scherzhaft: »Mercedes«. »Oh«, sagte sie, »das ist aber ein schöner Name, besonders wenn man ihn spanisch ausspricht! – Wie heißen Sie denn mit Nachnamen?« »Benz«, warf ich hin. Darauf entgegnete sie wirsch: »Das geht aber nicht. Der Name Mercedes Benz ist urheberrechtlich geschützt.« Ich zuckte zusammen. »Sollte eigentlich auch nur ein Scherz sein«, gab ich kleinlaut zu. Denn wer will schon, dass in der Schule jeder hinter dem Rücken unserer Tochter Brumm-Brumm-Motorengeräusche macht. Genügt es doch, mit dem Nachnamen geadelt zu werden. Das ist natürlich nicht überall der Fall. Innerhalb des Berliner S-Bahnrings wird man schon schief angeschaut, wenn man mit einem Mercedes-Maybach GLS 600 in eine Fahrradstraße einbiegt. Große, protzige Autos sind hier nicht so gerne gesehen. Lieber fährt man Fahrrad. Etwas stärker toleriert wird der Benz außerhalb des S-Bahnrings. Fährt man raus nach Brandenburg kann man auf 453 von 790 Kilometern Autobahnnetzwerk ganz ohne Geschwindigkeitsbegrenzung den Motor seines 557 PS starken Wagens voll ausfahren. Was für ein Rausch. Letztens stellte mir unsere Zweitgeborene ihren ersten selbst gedichteten Song vor. Auf der Gitarre spielend sang sie: »Ich liebe meine Kackwurst, weil sie so schön glänzt. Wie ein neu gekauftes Auto, von Mercedes Benz.« Vielleicht wird das zum neuen Werbejingle für die nächsten Mercedes-EQ-Modelle, Autos, ganz ohne Verbrennermotor, die dann wohl auch wieder gerne innerhalb des S-Bahn-Rings gesehen werden.

Frank Benz

BER ['be 'eː 'ɛr]

Viele sprechen nur vom BER, der Name des ehemaligen Bundeskanzlers geht dabei unter. Dabei heißt der BER offiziell »Flughafen Berlin Brandenburg ›Willy Brandt‹«. Der Name Willy Brandt stehe »symbolisch dafür, dass Berlin durch den BER wieder die Ost-West-Drehscheibe ist die Europa mit der Welt verbindet – so wie es sich Willy Brandt erhofft hat«, lautet es zur Begründung. Doch der alte Kanzler wird wohl während des letzten Jahrzehnts bei seiner Rotation im Grabe gefleht haben: Hoffentlich merkt keiner, dass das Ding nach mir heißt!

Die Entstehung des neuen Flughafens ist eine Tragikomödie – und Sinnbild eines Großprojekts, das völlig außer Kontrolle geraten ist. Der BER habe sich »zu einer Planungskatastrophe und einem ›running joke‹ für die Berliner entwickelt und gleichzeitig Deutschlands Ruf für Ingenieurskunst und Pünktlichkeit geschädigt«, schrieb z. B. 2018 eine türkische Zeitung. Die Lachnummer der Welt. Viele fragten sich: Wie kann man als Hauptstadt an einem einzigen Flughafen so lange herumwursteln? London hat sechs davon. Paris fünf. Hat je einer davon die Welt mit einem 14-jährigen Bau-Chaos und derart explodierenden Kosten beschäftigt? Der Eröffnungstermin wurde siebenmal verschoben. Die Baukosten vervierfachten sich fast: von etwa zwei Milliarden auf 7,3 Milliarden Euro.

Über die Gründe wurde schon viel geredet. Wer das alles verfolgt hat, erinnert sich: ständige Planänderungen mit ständig wachsenden Fluggastzahlen! Kein erfahrener Generalunternehmer – und das bei solch einem Großprojekt! Zu klein geplant und später aufgestockt! Das Runde passte nicht ins Eckige, das Gerade nicht ins Krumme. Probleme mit dem Brandschutz, den Rolltreppen, der Lüftung, den Treppengeländern, ja sogar den Dübeln! 2013 listete man 75.000 Baumängel auf. Genehmigungen liefen aus, das Spitzenpersonal wurde mehrfach ausgewechselt. Es gab Klagen wegen des zu erwartenden Fluglärms. Das Lärmschutzprogramm fürs Umfeld soll allein 730 Millionen Euro gekostet haben. An so etwas hatte natürlich vorher niemand denken können. Oder?

Doch, man hatte daran gedacht. Der große Witz an der ganzen Sache ist nämlich, dass der Großflughafen eigentlich gar nicht dort hätte entstehen dürfen – in Schönefeld. Gutachten zeigten 1993, dass der günstigste Ort in Brandenburg liege. Man favorisierte Sperenberg, 45 Schienenkilometer von Berlin entfernt. Dort konnte man nachts ungehindert fliegen – anders als am heutigen BER. Man hätte einen schönen schnellen Shuttle bauen können. Vielleicht eine Magnetschwebebahn, wie man sie vor Jahrzehnten in Deutschland entwickelt hatte. Unter dem Namen Transrapid. Was ist aus ihr geworden? Ach ja, sie fährt jetzt in Shanghai. Auch so ein Thema.

Der BER ist eine Geschichte von Fehlentscheidungen aus politischem Druck, von Missmanagement, Korruption und Pfusch am Bau. Nichts hätte mich da hingezogen nach all den Negativschlagzeilen. Vielleicht bricht ja ein Treppengeländer ab, die Rolltreppe verschlingt mich, die Dübel pfeifen mir an der Nase vorbei oder die Entrauchungsanlage fällt mir auf den Kopf! In der chaotischen Anfangsphase nach der Eröffnung des BER im Oktober 2020 hörte man von langen Schlangen, geschlossenen Schaltern, verpassten Flügen trotz des Eintreffens vier Stunden vor dem Abflug. Ich wollte so lange wie möglich vermeiden, dort abfliegen zu müssen.

Dabei liebe ich Flughäfen. Als ich Kind war, fuhren wir öfter nach Schönefeld. Man konnte über den Zaun gucken. Dort standen die alten Propellermaschinen. Es brummte herrlich, wenn sie starteten. Es war eines der prägenden Geräusche meiner Kindheit. Brummende Flugzeuge am blauen Sommerhimmel.

Ich kann mit allen zivilen Flughäfen Berlins etwas anfangen, sogar mit dem Flugplatz Johannisthal, wo 1919 die erste zivile Fluglinie Deutschlands – zwischen Berlin und Weimar – eröffnet wurde. Mein Opa, Jahrgang 1904, flitzte hier einst als Laufjunge umher. Johannisthal war längst Geschichte, als ich dann zum ersten Mal am Zaun des »Zentralflughafens« Schönefeld stand. Von dort aus flog ich irgendwann in den Osten, bis nach Mittelasien, mit recht sportlich fliegenden sowjetischen Düsenmaschinen.

Tegel oder Tempelhof kannte ich nur vom Hörensagen, solange die Mauer stand und man nicht in den Westteil Berlins fahren konnte. Ab und zu dröhnte es am Himmel. Dann guckte mancher hoch und sagte allwissend: »Der fliecht nach Tejel!« Oder: »Der landet bestimmt in Tempelhof.« Als dann die Berliner Mauer fiel, dauerte es nicht lange und ich flog zum ersten Mal von Tegel los, später auch vom Flughafen Tempelhof. Der machte 2008 dicht.

Ich habe nie darüber nachgedacht, an welcher Stelle der neue Berliner Großflughafen stehen würde. Brauchte man denn einen? Man konnte doch unter den beiden, die wir zum Schluss hatten, ganz gut wählen. Die einen bevorzugten Tegel, die anderen Schönefeld. Und bestimmte Flüge gingen ja ohnehin nur von dem einen oder anderen Ort. Tegel war so schön übersichtlich. Man lief in einem riesigen Sechseck im großen Bogen, konnte sich nicht verlaufen. Ich bin gerne von dort abgeflogen.

In Schönefeld erlebte ich einst die letzten Zuckungen der Interflug mit, der staatlichen Fluglinie der DDR. Sie war 1991 »abgewickelt« worden, wie es in kaltem Bürokratendeutsch hieß. Ehemalige Mitarbeiterinnen und Mitarbeiter übernahmen einige ihrer Flugzeuge, um sie unter dem Namen Berline – gesprochen »Börlein« – weiterzubetreiben. Es war 1994, und es sollte nach Tunesien gehen. Wir kurvten mit dem Flughafenbus über den Platz in Schönefeld. Plötzlich erblickte ich am Rand des Feldes den Oldtimer, auf den wir zuhielten: eine IL 18 mit vier Propellern, entwickelt in den 1950er-Jahren. »Ick dachte, die fliegen jar nich mehr!«, rief ich. Und freute mich, zum ersten Mal mit einem der brummenden Propellerflugzeuge fliegen zu dürfen, die ich einst als Kind über den Zaun bewundert hatte.

Um mich herum lauter erschrockene Leute. Manche, v. a. aus dem Westteil der Stadt, hatten noch nie solch eine Maschine gesehen außerhalb des Luftfahrtmuseums. »Mit dem Ding sollen wir bis nach Afrika kommen?«, fragte jemand. Ja, wir kamen bis nach Afrika. Die Maschine lag wie ein Brett in der Luft. Sie dröhnte zwar laut, die Kabinenwand vibrierte. Doch wir wurden vom Personal verwöhnt wie ich es von keinem Flug zuvor kannte. Leider machte die Berline Pleite, während wir in Tunesien waren. Und wir mussten mit Tunisair zurückfliegen, mit einem langweiligen Düsenflugzeug.

Der alte Schönefelder Flughafen hat mir in den letzten Jahren immer weniger gefallen. Im Flughafengebäude musste man vor dem Abflug und nach der Ankunft durch lange halbdunkle Flure gehen. Man fühlte sich wie in irgendeinem Kaff, nicht wie in einer Hauptstadt. Was werden die Leute denken, die zum ersten Mal nach Berlin kommen und durch diese Gänge schleichen müssen?, dachte ich. Nach Metropole sieht das nicht aus, eher nach Nekropole.

Neulich bin ich dann doch zum ersten Mal vom neuen BER geflogen. Es ließ sich nicht vermeiden, denn ich wollte jemanden in England besuchen. Und ich muss sagen: Das Terminal ist ein bisschen eng, man möchte kein Gedrängel da erleben. Es sieht auch ein bisschen so aus, als stammte es aus den 1970er-Jahren. Holztäfelung! Unter der Decke hängt ein seltsames rotes Gebilde, das an ein präpariertes Gefäßsystem aus den »Körperwelten« erinnert. Aber ansonsten lief alles glatt. Ich war schnell durch. Dennoch verstehe ich nicht, was an dem Ding sieben Milliarden gekostet hat. Willy Brandt würde es sicher auch nicht verstehen.

Torsten Harmsen

Berghain, das [bɛʁkhaɪ̯n]

Das Berghain ist einer der bekanntesten in Berlin ansässigen Technoclubs der Welt. Es ist hervorgegangen aus dem Ostgut, einem ersten festen Ort schwuler Fetisch- und Sexpartys. Seit 2004 ist es heimisch in einem ehemaligen Fernheizwerk am Wriezener Park in Friedrichshain, geöffnet ist es immer freitags ab 22 Uhr. Es schließt montagmorgens um sechs Uhr.

Ein Geständnis vorneweg: Ich war noch nie im Berghain. Ich habe es noch nicht einmal versucht, hab da noch nie in der Schlange gestanden, noch nie getanzt, noch nie bis ins Morgengrauen oder darüber hinaus gefeiert. Ich kenne das Berghain einfach nicht. Aber in meinem Bekannten-, Freundes- und Familienkreis gibt es einige Menschen, die schon mal drin waren, die es rein geschafft haben, obwohl das Berghain die härteste Tür Berlins haben soll. Die lassen wirklich nicht jede:n rein. Es scheint wie ein Lotteriespiel. Wird man abgewiesen, weiß man nicht so recht, warum.

Das Berghain ist ein mystischer Ort, es gibt zahlreiche Erzählungen, Geschichten und Legenden rund um die Nr. 1 der Berliner Technoclubs. Nicht alle, die vom Berghain reden, wissen, was das Berghain ist. Es ist – so wurde mir erzählt – ein Ort für »Feiernazis«, mit – sieht man mal von den ganzen Tourist:innen ab – einem äußerst diversen Publikum. Hier treffen sich tanzwütige Alte und Junge, Dicke und Dünne, Große und Kleine, Stinos und Verrückte, Frauen und Männer, Schwule, Lesben und Heteros, Feierwillige und Personen mit einer sexpositiven Haltung. Die Partykultur ist – hat man es rein geschafft – frei, wertschätzend und nicht aggressiv. Um reinzukommen, kann es aber durchaus sein, dass man mal bis zu drei Stunden anstehen muss; oder man steht auf der Gästeliste und kann sich an der langen Schlange vor der Haupttür vorbeischleichen. Auf jeden Fall sollte man – wenn man nicht auf der Gästeliste steht – nicht versuchen, sich an der Schlange vorbeizumogeln. Man wird abgewiesen. Auf den letzten Metern sollte man nicht zu laut lachen, nicht mehr groß reden, keine Selfies machen. Die Wahrscheinlichkeit, rein kommen, ist immer dann höher, wenn man es alleine oder im Zweierteam versucht und wenn man eher schwarz gekleidet ist, statt ein buntes Blümchenkleid zu tragen. Große Gruppen werden in der Regel abgewiesen, genauso wie erzkonservativ Dreinblickende, Druffies oder anderweitige Draufgänger:innen.

Hat man es erst einmal an den Türsteher:innen vorbei geschafft, sind die Taschen kontrolliert, die Kamera des Telefons – vor dem Hintergrund des Fotografierverbots im Berghain – abgeklebt, steht man zunächst in einer riesigen, länglich gezogenen, meist menschenleeren Empfangshalle, in der man seine Garderobe abgeben und sich allem entledigen kann, was man für das Feierevent nicht braucht. Ist das erledigt und sind die Glücksgefühle, es rein geschafft zu haben, verarbeitet, gelangt man im ersten Obergeschoss auf den Dancefloor »Berghain«, auf dem sich die tanzwütige Masse im Stroboskoplicht zu Technobeats bewegt. Auf derselben Etage befindet sich ein großer Barraum, die Eisbar (in der man neben Cappuccino und Butterbroten auch Erdbeereis erwerben kann), die Klobar (in der man sich mit Wasser erfrischt, jegliche Drogen der Welt – MDMA, Koks und andere psychoaktive Substanzen – konsumieren kann, mit Fremden ins Reden, vielleicht auch Knutschen und Vögeln kommt), ein Darkroom (mit all seinen Mythen) und eine Unisextoilette. Eine Etage höher befindet sich der Dancefloor der Panoramabar, auf dem House gespielt wird. Am Sonntagmorgen öffnen sich die Jalousien und die Sonne schaut ins sonst dunkle Berghain. In Separees gibt es Holzkabinen mit Liegen, eine Bar aus Hartgummi und Fotoarbeiten von Wolfgang Tillmans. In der dritten Etage zeigt sich der Chill-out-Room, wieder mit einer Bar und diesmal Motivfenstern von Marc Brandenburg. Im Berghain kann man Tage verbringen, abtauchen, die Zeit verlieren. Von der Musik bewegt, erlebt man verschiedene Stimmungen: von düster bis episch, von dramatisch bis fröhlich.

Das Berghain ist legendär, für manche, die es rein geschafft haben, aber auch recht nüchtern, düster, steril. Der industrielle Charme des Gebäudes gefällt nicht jeder und jedem. Im Berghain gibt es kein Chichi, keine Diskokugeln, keine Omastehlampen, keine Couch. Auch das lange Warten in der trockenen Sandwüste mit Blick auf den Bunker missbehagt so einigen. Sie fühlen sich aufgehobener im Sisyphos, im Monarch, im Kater Blau, im SChwuZ, im Weekend Club, dem KitKatClub, dem Watergate, dem Ritter Butzke, dem Lido, dem Tresor, dem Salon zur wilden Renate, dem Yaam, dem Club der Visionäre, dem Ohm, dem Gretchen, der MS Hoppetosse, dem Chalet oder dem SO 36. Im Berghain gibt es keine 70er, 80er, 90er, keine Black Music, keinen Afrobeat, Reggae, R'n'B oder Dub, keinen Hip Hop, kein Latin, Ambient, Downbeat, Trip-Hop, Nu-Jazz, keinen Soul, Funk, keinen Punk, keinen Pop, Rock oder Ska, kein Independent, Disco und erst recht keinen Schlager. Im Berghain gibt es sauberen Electro, House, IDM, Minimal, Tech-House und Techno. Für viele ist es der Lieblingsclub aller Clubs. Wenn man tanzen geht, dann nur da und nirgends sonst. Der Sound ist top, der Dancefloor mit seinen 18 Metern Deckenhöhe eine Kathedrale der Tanzkultur. Das Publikum divers. Es ist ein mystischer Ort. War man einmal drin, ist man von dem Ort besessen. Man will nur noch ins Berghain. Vielleicht gehe ich doch mal rein, lebe den Underground und halte mich dann an die einzig wahre Regel, die einem das Berghain vorschreibt: »Alles, was im Berghain passiert, bleibt im Berghain!«

Irene Leser

Berlin [bɛr'liːn]

Berlin ist die Hauptstadt der Bundesrepublik. 1237 wurden Alt-Kölln und 1244 Alt-Berlin erstmals urkundlich erwähnt. Aber was ist Berlin? Berlins einzige Konstante ist der Name. Wikipedia meint, er gehe »auf das altpolabische Wort *Birlin, Berlin* zurück, das ›Ort in einem sumpfigen Gelände‹ bedeutet«. Wenn das wirklich stimmt, ist es wunderbar: Berlin – ein Ort im Sumpf, der Sumpf als Ausgangspunkt einer Weltstadt, der Sumpf als permanente Herausforderung dieser Stadt, auch heute noch.

Berlin ist anders. Anders als meine Heimatstadt München z. B. Zum ersten Mal erlebte ich das 1969, als ich von München nach Berlin zog. Genauer gesagt: nach West-Berlin. Ich war hier sofort willkommen, oder besser gesagt: Niemand sah es als Problem an, dass ich aus Bayern kam. Ganz anders, als ich es in München wahrgenommen hatte: Berliner hatten es dort nicht immer leicht. In Berlin traf ich aber auch kaum Berliner. Als Teil der 1968er-Generation blieb man eher unter sich. Und schuf sich eine Wohngemeinschaft.

Heute lebe ich nun schon mehr als 45 Jahre in Berlin. Die Stadt ist seither wieder einmal ganz anders geworden, anders als in den 1970er-Jahren und immer noch anders als München.

Doch was hat das Berlin von heute zu tun mit dem Berlin, dessen Gründung im Jahre 1987 – 750 Jahre Berlin – im Westen wie im Osten groß gefeiert wurde? Fast gar nichts!

Wir wissen sehr wenig über das frühe Berlin, sehr wenig auch über die Jahrhunderte bis zum Dreißigjährigen Krieg. Ich meine nicht so sehr das wissenschaftliche Wissen, sondern das Wissen der Stadtgesellschaft.

Unser Blick auf Berlin ist historisch gesehen ein extremer Trichterblick. Geschichte ist für uns zuallererst die Zeit des Kalten Krieges, davor wird es schon dünner: die NS-Zeit, die Weimarer Republik und die Kaiserzeit. Aber immerhin, diese Epochen sind irgendwie noch präsent. Ein ganz klein wenig vielleicht noch die Zeit Karl Friedrich Schinkels, wenngleich die Debatten über die Wiedererrichtung der Bauakademie doch daran zweifeln lassen. Dann kommt die Zeit des Absolutismus. Das Schloss und der Westabschnitt der Allee Unter den Linden, dazu noch der Gendarmenmarkt – dies verkörpert die Zeit der preußischen Könige, als es noch kein Deutsches Reich gab. Nicht so präsent ist aber die Tatsache, dass all diese »barocken« Gebäude eigentlich ein Produkt der Nachkriegszeit sind – der Entscheidung der frühen DDR-Zeit, nicht nur das Schloss abzureißen, sondern zugleich das Zeughaus, die Oper, das Opernpalais, das Kronprinzenpalais wieder aufzubauen, partiell auch den Gendarmenmarkt.

Doch dieser Blick zurück verkennt, dass das, was räumlich als Berlin verstanden wurde, sich im Laufe der Jahrhunderte radikal veränderte. Zunächst war Berlin ja nur ein Teil der Doppelstadt Berlin-Kölln, beschränkt auf das Territorium östlich der Spree bis etwa zum heutigen S-Bahnbogen. Erst lange nach dem Dreißigjährigen Krieg, am 17. Januar 1709, wurden Berlin und Kölln vereinigt, zusammen mit dem Friedrichswerder, der Dorotheenstadt und der Friedrichstadt.

Dieses neue Berlin der preußischen Könige hatte mit dem alten kleinen Berlin im Mittelalter nur sehr wenig gemein. In dieser Zeit orientierten die Herrscher die Entwicklung ihrer prachtvollen Residenz nach Westen, weg von dem alten Berlin, hin zur Allee Unter den Linden. Seither gab es eine eindeutige raumordnungspolitische Priorität und ein wachsendes Gefälle zwischen Ost und West.

In der Kaiserzeit wandelte sich Berlin dann vollständig: Aus der alten Residenzstadt wurde eine moderne City, und neue Stadtteile legten sich zunächst noch ringförmig um diese City, entstanden dann aber mehr und mehr entlang der Schienentrassen der Bahn. Damit war räumlich ein neuer Typus wachsender Großstadt geboren: der heute sogenannte Siedlungsstern. Vor allem seit den 1880er-Jahren expandierte Berlin entlang der S-Bahnlinien weit in das Umland hinein. Die Bewohner:innen Berlins erlebten in den folgenden Jahrzehnten bis zum Ersten Weltkrieg eine einzigartige Boomperiode, in der man dem atemberaubenden Um- und Ausbau der Großstadt kaum mehr folgen konnte. Damals sprengte das Wachstum der Stadt die engen Grenzen von Berlin, das seit 1709 nur bescheidene Eingemeindungen erlebt hatte. Bis 1920 war ein unglaubliches Gebilde entstanden: ein dynamisch wachsender Großraum, dessen Schwerpunkt sich mehr und mehr nach Westen verschob. Denn dort lagen die wichtigsten Bahnhöfe, die Motoren der modernen Großstadt, und dort strebte seit den 1880er-Jahren ein neues erstklassiges Zentrum nach oben: das Zentrum des Neuen Westens um die Kaiser-Wilhelm-Gedächtniskirche. Viele Gemeinden des neuen Großraums hatten ihr eigenes Rathaus, das erst in dieser Periode errichtet wurde. So viele Rathäuser in einem Großstadtraum, das war weltweit einmalig! Und all diese Gemeinden hatten ihr eigenes, wenn auch oft sehr kleines Zentrum. Zusammengehalten wurde das Riesengebilde durch Verkehrstraßen, v. a. durch die großen radialen Ausfallstraßen und die Linien der S- und U-Bahnen.

Dieses besondere Gebilde – keine Stadt im überkommenen Sinne, sondern eine Agglomeration von Städten und Landgemeinden – wurde 1920 vereinigt: zu Groß-Berlin, oder, wie es dann im Gesetz hieß, zur »neuen Stadtgemeinde Berlin«. Mit acht selbstständigen Städten, 59 Landgemeinden und 27 Gutsbezirken. Dieses Gebilde unterschied sich radikal von dem nunmehr winzig erscheinenden Raum, der bis 1920 Berlin hieß. Aber immerhin war das alte Berlin noch präsent, als City. Der Beschluss der Preußischen Landesversammlung über Groß-Berlin am 27. April 1920 war eine geradezu unglaubliche Revolution. Er markierte eine dritte Geburt der Stadt – nach der eigentlichen im 13. Jahrhundert und der zweiten im Jahr 1709, als fünf Städte zusammengeschlossen worden waren. Dieser Beschluss war alles andere als selbstverständlich, er war eigentlich schon fast zufällig, ein Ergebnis harter gesellschaftlicher und politischer Auseinandersetzungen, die schließlich in eine hauchdünne politische Stimmenmehrheit pro Groß-Berlin mündeten, eine Mehrheit, die wohl ein Jahr vorher oder ein Jahr nachher nicht möglich gewesen wäre.

Doch jetzt ging es erst richtig los. Den wenig goldenen Zwanzigerjahren folgten zwölf lange Jahre nationalsozialistische Diktatur. In dieser Zeit wurde Berlin mit einem neuen

Gesetz zur »Reichshauptstadt Berlin« erhöht, nicht aber zu Germania, erst recht nicht zur Welthauptstadt Germania. In keinem offiziellen Dokument finden sich die letztgenannten Begriffe. Sie sind ein Produkt der seltsamen negativen Faszination gegenüber den monumentalen Projekten Albert Speers für die Reichshauptstadt. Die Projekte der Nationalsozialisten endeten mit der Zerstörung der Reichshauptstadt. Dann begann die Herrschaft der Alliierten und v. a. die Teilung der Stadt, mit der Berlin die räumlich erfahrbare Spaltung der Welt in zwei große Blöcke verkörperte. In diesen Jahren verdoppelte sich Berlin in vielfacher Hinsicht, nicht nur bei den Tierparks. Vor allem aber konkurrierten beide Stadthälften – im Wohnungsbau, im Ausbau zur autogerechten Stadt, bei der 750-Jahrfeier usw. 1989/90 war das dann alles vorbei, Ost-Berlin trat West-Berlin bei. Mit allen personellen und stadtentwicklungspolitischen Konsequenzen. Schnell zeigte sich, dass die Spaltung trotz allen Leids wenigstens einen Vorteil gebracht hatte: Das Umland Berlins war nicht wie jenes anderer westlicher Großstädte durch und durch zersiedelt worden. Berlin blieb aber ein eigenes Bundesland, der dringend notwendige Zusammenschluss von Berlin und Brandenburg scheiterte kläglich.

Das heutige große Berlin ist v. a. ein Kind des 20. Jahrhunderts. Aufgrund seiner besonderen Geschichte hat es ganz viele Zentren – ein großer, nicht wirklich erkannter und geschätzter Vorteil für eine nachhaltige Zukunft. Berlin hat auch in zentraler Lage viele Wohnungen – ebenfalls ein Erbe der Teilung der Stadt. Und es verfügt in der Innenstadt über große Grünflächen – den Tiergarten und das Tempelhofer

Feld. Sein öffentlicher Verkehr ist großartig, wenngleich wir auch hier von dem Erbe der Kaiserzeit zehren. Es gibt aber auch extrem viel zu tun, und hier muss die Kritik ansetzen: Die Verkehrswende geht zwar verbal, aber nicht praktisch voran, die Wohnverhältnisse wurden durch Eigenverschulden (Verkauf von gemeinnützigen Wohnungsbaugesellschaften und zeitlich befristete Sozialbindungen) in eine äußerst prekäre Situation manövriert. Die erforderliche Suche nach einer angemessenen Mitte der vereinigten Stadt verliert sich im Gezänk. Und den Rettungsdienst, die Krankeneinrichtungen, v. a. aber die Schulen, die Bildungsstätten unserer künftigen Generationen, haben wir verfallen lassen. Failed city oder neuer Aufbruch, eine neue starke Kommune, eine Kommunalwirtschaft 2.0? Berlin ist wunderbar, aber nicht immer dieses Berlin von heute.

Harald Bodenschatz

Berlinale, die [bɛʁliˈnaːlə]

Die Internationalen Filmfestspiele waren und sind eine heilige Kuh des Berliner Kulturbetriebs. 2025 wird man am Potsdamer Platz – wenn keine neue Pandemie dazwischenkommt – die 75. Berlinale eröffnen. Ein »Biggie« für Kinofans aus aller Welt. Besucherinnen und Besucher aus 132 Ländern strömen jedes Jahr in die Stadt, um an der Berlinale teilzunehmen. Die Berlinale ist ein Schaufenster der freien Welt – und ihrer modernen wiedervereinten Metropole Berlin.

»Die Berlinale ist ein einzigartiger Ort der künstlerischen Auseinandersetzung und der Unterhaltung. Sie ist eines der größten Publikumsfilmfestivals der Welt, das jedes Jahr Zehntausende Besucher:innen aus aller Welt anlockt.« So stellt sich der Veranstalter auf berlinale.de vor und betont, das Festival habe sich von der bewegten Nachkriegszeit und der einzigartigen Situation in der geteilten Stadt zu einem Ort der interkulturellen Begegnung und filmischen Auseinandersetzung entwickelt. Weil in Berlin immer alles politisch ist, sind es natürlich auch der Film und sein Festival.

1951 gründete die westliche Stadthälfte Berlins die Internationalen Filmfestspiele Berlin. Ihr mächtigster Geburtshelfer war der Kalte Krieg. Das Filmfest sollte als »Schaufenster der freien Welt« dienen. Alfred Bauer wurde erster Festivalleiter. Er hatte im NS-Regime als Referent des Reichsfilmintendanten eine wichtige Rolle gespielt. Aber davon wollte man wenige Jahre nach dem »Untergang« nichts wissen. Premierenfilm der allerersten Auflage war ein Hitchcock-Streifen. *Rebecca* flimmerte im Juni 1951 im Titania-Palast. Als Stargast wurde Hauptdarstellerin Joan Fontaine via Tempelhof eingeflogen. Das Primat der Filmpremiere auf dem Festival wurde damals noch weniger streng gesehen. *Rebecca* war bereits elf Jahre alt, die Uraufführung hatte 1940 stattgefunden. Doch damals war Miss Fontaine schlicht der einzige greifbare Superstar, der nach Berlin zu bewegen war. Die Auszeichnungen wurden in der Waldbühne vergeben und »Berliner Bären« getauft, zunächst in den Kategorien Dramatischer Film, Komödie, Kriminal- und Abenteuerfilm, Musikfilm und Dokumentarfilm. Das Zuschauervotum wählte zum ersten Liebling Disneys *Cinderella* aus dem Jahr 1950.

Ein Jahr nach ihrer Gründung erhielt die Berlinale von der Fédération internationale des associations de producteurs de films (FIAPF), dem internationalen Filmproduzentenverband, einen Dämpfer. Der Jury wurde verboten, mit dem Bären offizielle Preise zu vergeben. Dies sei nur sogenannten A-Festivals gestattet. Die Filmstadt B brauchte bis 1956, um A zu werden – und ist es fortan geblieben.

Herzstück des Filmfestivals ist der Wettbewerb. Er zeigt Uraufführungen von Filmen, »über die man reden wird«, schreiben die Veranstalter. Neben dem Wettbewerb gibt es weitere wichtige Berlinale-Sparten, darunter: Encounters (»ästhetisch und strukturell wagemutige Arbeiten«), Berlinale Shorts (»haut neue Wegmarkierungen in das weite Feld der cineastischen Möglichkeiten«), Panorama (»sexy, mutig, anders«), Forum (»Avantgarde, Experiment, noch unbekannte Kinematografien«) und Retrospektive (»Hommage der Filmgeschichte«).

Die Berlinale zeigt seit ihrer Premiere vor über 70 Jahren nicht nur Filme, sondern auch Schauspieler:innen und Regisseur:innen auf dem roten Teppich. In den ersten 15 Jahren flogen die großen Hollywood-Sterne massenweise auf Berlin. Berlinale-Mania am Kurfürstendamm! Das Filmfestival wurde zur wichtigsten Bühne der Berliner Wirtschaftswunderjahre. Vor dem Zoo-Palast und den Nobelhotels standen Fans Schlange und warteten auf ihre Idole. Sie erlebten Gary Cooper und Sophia Loren, Cary Grant und Rita Hayworth, Jean Marais und Gina Lollobrigida, James Stewart und Shirley MacLaine, Sidney Poitier und Claudia Cardinale und viele andere mehr. Romy Schneider und Horst Buchholz turtelten scheinbar verliebt auf dem Berlinale-Ball im Palais am Funkturm. Manchmal brausten die Filmsternchen im Cabriolet über den Tauentzien und Playboy Rolf Eden ließ regelmäßig eine »Miss Filmfestspiele« küren. 1968 gewann Ingrid Steeger, Siegesprämie: 1000 Mark.

Die jungen wilden Filmemacher des Neue Deutschen Films der 1960er-Jahre brauchten hingegen lange, um sich mit der Berlinale anzufreunden. Erst 1971 wurde das »Internationale Forum des jungen Films« in die Berlinale aufgenommen. Vordem war dies eine Gegenveranstaltung, die anders als die Berlinale progressive Filmproduktionen zeigte. Tatsächlich wurde das Forum zu einer echten Frischzellenkur – die bitter nötig war, denn damals hatte Berlin im internationalen Vergleich an Glanz verloren. Nun rückten Beiträge aus dem Ostblock ins Programm und 1975 mit *Jakob der Lügner* auch erstmals ein Film aus der DDR. Die Berlinale hatte sich einmal mehr neu erfunden.

Nach dem Mauerfall 1989 verwandelte sich das Filmfest in eine Gesamtberliner Liebe. Julia Roberts und Sally Fields posierten 1990 mit einem DDR-Vopo auf der Mauer am Brandenburger Tor. Im Jahr 2000 folgte der womöglich größte Kreisch-Alarm: Leonardo DiCaprio stand auf dem roten Berlinale-Teppich. Besonders erfolgreich im Anlocken der Weltstars war Dieter Kosslick, Berlinale-Direktor von 2001 bis 2019. Er schaffte es sogar 2008, Martin Scorsese und die Rolling Stones nach Berlin zu holen. Manches Mal dauerte es lange, bis die Stars zusagten, bei Meryl Streep vier Jahre. 2016 wurde die dreifache Oscar-Gewinnerin dann endlich Jury-Präsidentin. Ein Coup war 2010 gelungen. Die Berlinale zeigte die restaurierte Fassung von *Metropolis* als Open-Air-Kinoevent am Brandenburger Tor – bei minus drei Grad Celsius. Dazu erklärte Kosslick in einem Interview, beim Vermessen des Brandenburger Tors habe man festgestellt, dass dessen Erbauer Carl Gotthard Langhans sich beim Tor an das Kinoformat 16:9 gehalten hat. Kosslick: »Wenn das kein geheimes Zeichen der preußischen Baumeister an die Berlinale ist!«

In der Geschichte des Berliner Filmfestivals ging es auf und ab. Mal wurde kritisiert, dass zu wenige Superstars kämen. Cineastische Puristen bemängelten dagegen zu viele bekannte Namen und forderten mehr experimentelle Filme statt Hollywood-Blitzlichtgewitter. Berlinale-Chef:innen mussten und müssen immer auch Gratwanderer:innen sein – und am Ende fallen sie meistens in Ungnade. Ein Jobprofil ohne Happy End.

Neben Glanz und Glamour lieferte die Berlinale natürlich auch immer filmreife Skandale. Michael Verhoevens Film *o.k.* führte 1970 zum Rücktritt der Jury. Der Film erzählt eine wahre Geschichte. Thema ist die Gruppenvergewaltigung und Ermordung eines Mädchens durch US-Soldaten im Vietnamkrieg. Die Jury hatte Bedenken gegen den Film geäußert, er diene wohl nicht der »Völkerverständigung« hieß es. Dabei geriet die Jury selbst unter Zensurverdacht und musste abtreten. Ergebnis: Am Ende wurde in diesem Jahr kein Goldener Bär vergeben. 1986 musste der RAF-Film *Stammheim* unter Polizeischutz gezeigt werden. Jurymitglieder hatten im Vorfeld Morddrohungen erhalten. Der finnische Regisseur Aki Kaurismäki betrank sich 1994 auf seiner eigenen Pressekonferenz – aus purer Langeweile, wie es hieß. 2001 geriet das französische Filmdrama *Intimacy* wegen erotischer Szenen ins Kreuzfeuer der Kritik. Der damalige Festival-Chef Moritz de Hadeln entgegnete dem Pornografie-Vorwurf mit den wahren Worten: »Die Berlinale ist nicht der Vatikan.«

Und trotz oder gerade wegen all der Skandale: Berlin würde ohne die Berlinale etwas fehlen. Neben Cannes und Venedig gehört sie zu den wichtigsten Filmfestspielen und weltweit bedeutendsten Ereignissen in der Filmbranche, mitsamt ihren Filmen, den Goldenen und Silbernen Bären und dem Roten Teppich.

Oliver Ohmann

Berlinerische, dit [bɛʁˈliːnəʁɪʃɛ]

»Jibt's dit überhaupt noch? Spricht dit noch eener?« – Kaum. »Milljöh« wird in Berlin so gut wie nicht mehr gesprochen, auch wenn Wikipedia behauptet, dass noch etwa fünf Millionen Menschen berlinern würden. Aber innerhalb des S-Bahnrings hört man das Berlinische (wie es offiziell heißt) eigentlich kaum noch. Die Gegenden, in denen noch berlinert wird, liegen v. a. in den Stadtrandgebieten: in Spandau, Reinickendorf, Lichtenrade, Alt-Mariendorf; in den Ostbezirken und … in Brandenburg.

»Dit is'n Ding, det de dit nich mehr hörst, uffn Alex.« Berlin ist eine Stadt des beständigen Zu- und Fortzugs. Und genau das belebt die Stadt, sorgt aber auch dafür, dass das Berlinerische verschwindet. Denn je weniger Personen es gibt, die sich in ihrer Mundart verständigen können, desto weniger wird sie gesprochen. Zwar gab es den beständigen Austausch innerhalb der Bevölkerung in Berlin schon immer. Aber innerhalb des S-Bahnrings wurde noch nie so viel fort- und zugezogen wie heute. Manch ein altangestammter, in Mitte Aufgewachsener sagt gar, dat dit nich mehr sein Kiez is, so viel Englisch, Spanisch und Italienisch, wie da heute jeredet wird. Dit jab et früher nich so.

Von den heute in Berlin Lebenden ist nicht einmal jede:r Zweite in Berlin geboren. Und genau deswegen hört man nur noch wenige, die berlinern. Schade eigentlich, denn die »Gossensprache« lässt einen in die Seele der Hauptstadt blicken. Die Berliner Schnauze spricht mit Haaren auf den Zähnen: derbe, offen, direkt. Das Berlinerische ist kein Dialekt, es ist ein Metrolekt, d. h. »eine Stadtsprache, die durch eine Mischung von Dialekten und Sprachen unterschiedlicher Herkunft entstanden ist. Berlinerisch ist also Mitteldeutsch, Niederdeutsch, Niederländisch, Jiddisch, Französisch, Polnisch und noch einiges mehr« wie Katrin Sperling auf Babbel schreibt.

Typisch ist z. B. das gesprochene [j] für das geschriebene »g«: »allet wird *jut* und irgendwie is mir dit och *ejal.*« Viele Doppellaute aus zwei Vokalen innerhalb einer Silbe werden zu Monophthongen, also gedehnten Einzelvokalen. So »tun mir die *Oogn* [statt Augen] weh« und »ick mag *keene* Katzen«. Auch werden Laute verschoben und »*dit* is jut so«. Das »er« am Ende vieler Worte wird häufig wie ein [a] ausgesprochen: »Meene *Mutta* und meen *Vata* gehen ins *Theata*«, das »i« wird zum [ü]: »Uffn *Tüsch* liegt das *Schüff*«. Und auch die Berliner Grammatik unterscheidet sich vom Hannoveraner Hochdeutsch. Für *mir* und *mich* wird der Einfachheit halber der Ausdruck *mir* verwendet: »So leg ick *mir* z. B. in die Sonne, um *mir* zu bräunen.« Es gibt keine Unterscheidung von Akkusativ und Dativ. Oft wird der Dativ universal verwendet. Der Genitiv wird, wie so häufig in Deutschland, durch Präpositionalkonstruktionen ersetzt. Statt Joachims Hund ist es »*dem* Joachim *sein* Hund, der mit ihm spaziern jeht«. Im Infinitiv mogelt sich ein zweites »zu« in den Satz. Damit heißt es, dass »ick noch einen Rechner zu Hause *zu* stehn hab«. Adverbien und Adjektive werden wechselseitig gebraucht: Aus einer geschlossenen Tür wird »eene *zue* Tür.« Gerne wird auch verniedlicht: das Berliner Ampelmännchen wird zum »kleenen grünen *Männeken*«.

Nun sollte man als Tourist:in oder Neuzugezogene:r aber kein Wörterbuch (z. B. von Langenscheidt) zücken und versuchen, zu berlinern. Daran kann man nur scheitern. Um Berlinerisch zu sprechen, muss man Berlin kennen. Richtig zu berlinern ist eine Lebenseinstellung. Für jene, die das Berlinerische nicht tagtäglich hören, ist es rau, hart, brutal ehrlich und doch – das kann ich mittlerweile sagen – so gut wie immer herzlich gemeint. Es ist eben eine in Berlin entwickelte Art des In-der-Großstadt-Zurechtkommens. Für Tourist:innen und frisch Zugezogene ist das oft zu direkt. Mir ging es auch so, als ich 2005 nach Berlin kam. Ich brauchte eine Weile, um mich an die Berliner Art zu gewöhnen, und mittlerweile liebe ich sie. Sie ist großstädtisch, ganz wie sie Simmel 1903 schon definierte: blasiert, reserviert und gleichzeitig pointiert und unverwechselbar. Sie ist häufig übertrieben. Man muss ja gehört werden. Ohne den in die Mundart eingewobenen Umgang miteinander, würde man im Trubel der Großstadt untergehen. Berlin ist eben keine Kleinstadt, trotz der zahlreichen Kieze. In Berlin lebt man nicht einem »langsameren, gewohnteren, gleichmäßiger fließenden Rhythmus«, hier ist man nicht »auf das Gemüt und gefühlsmäßige Beziehungen gestellt«, hier hat man nicht, wie in der Kleinstadt, das Gefühl »fortwährende[r] Bedrohtheit« der eigenen »Existenz durch Feinde von nah und fern«, die es durch einen »straffen Zusammenhalt in politischer und militärischer Beziehung, jene[r] Beaufsichtigung des Bürgers durch den Bürger, jene[r] Eifersucht der Gesamtheit gegen den Einzelnen« braucht. Hier ist man nicht kleinlich und präjudizierend, hier lebt man nicht entindividualisiert. In Berlin begegnet man sich im Geiste des »Kosmopolitismus«, heute genauso wie vor 120 Jahren. Und gleichzeitig muss (fast) jede:r seine »eigene Persönlichkeit zur Geltung zu bringen.« Denn da, so Simmel weiter, »[w]o die quantitative Steigerung von Bedeutung und Energie an ihre Grenzen kommen, greift man zu qualitativer Besonderung, um so, durch Erregung der Unterschiedsempfindlichkeit, das Bewußtsein des sozialen Kreises irgendwie für sich zu gewinnen: was dann schließlich zu den tendenziösesten Wunderlichkeiten verführt, zu den spezifisch großstädtischen Extravaganzen des Apartseins, der Kaprice, des Pretiösentums, deren Sinn gar nicht mehr in den Inhalten solchen Benehmens, sondern nur in seiner Form des Andersseins, des Sich-Heraushebens und dadurch Bemerklichwerdens liegt«. »Janz schön abjehoben, dieser Simmel«, würde ein Urberliner darauf sagen. Und doch hat er recht. Das Berlinerische, über die Jahre gewachsen, hat seinen ganz eigenen Charme. »Man schwoft bis in de Puppn« statt bis in die frühen Morgenstunden zu tanzen; sieht andere dabei, wie sie »n Brühpulla« statt einer Bockwurst essen; und findet »dit voll abjefahrn«, also gut, oder »abjehalftat«, d. h. weniger gut, oder es ist einem doch irgendwie »wurscht«, d. h. egal.

Das Berlinerische hat also seinen ganz eigenen Reiz. Lasst in diesem Sinne dit Berlinerische nicht verschwinden, lasst es leben. Lehrt es in den Schulen und Kindergärten, ähnlich wie andere Minderheiten- und Regionalsprachen, sei es Niederdeutsch, Nord- oder Satterfrisisch, Romanes, Ober- oder Niedersorbisch in ihren je eigenen Regionen und gebt ihm, wie die Jahre zuvor die Möglichkeit, sich an sein Umfeld anzupassen. Dit wär doch schau!

Irene Leser

Berufsverkehr [bəˈʁuːfsfɛɐ̯ˌkeːɐ̯]

Berufsverkehr ist genau definiert. Und zwar nach dem »Fahrtzweck«: dem Transport zwischen Wohnung und Arbeitsstelle und umgekehrt, wobei zwischen Hin- und Rückfahrt nicht mehr als 24 Stunden liegen. Wenn nun jemand auf dem Weg zur Arbeit noch kurz privat etwas einkauft, wird diese kleine Unterbrechung als Einkaufsweg bezeichnet – auch wenn er oder sie danach weiter zur Arbeit fährt. Wenn man ausgerechnet während des Abstechers zum Einkaufen mit dem Fuß umknickt oder anderweitig zu Schaden kommt, gilt das nicht als »Wegeunfall« und ist auch nicht als solcher versichert.

Heitere Klagen über Chaos im Berufsverkehr gab es in Berlin schon vor mehr als hundert Jahren. »So det Rumjedränge / In der Hochbahnenge / Is for't Publikum een Hochjenuß. / ›Hilfe! Ick ersticke!‹ / ›Frechheit!‹ – ›Als wie icke?‹ / ›Aua! Jehn Se doch von meinen Fuß!‹«, schilderte 1919 der Humorist Josef Wiener-Braunsberg in der Zeitschrift *Ulk*. Sein Gedicht beschrieb verbeulte Hüte, verheulte »Oogen« und »am Körper Flecken blau und jrien«. Alles endete mit: »Mensch, det jiebt et doch bloß in Berlin!«

Natürlich gibt es so etwas auch in anderen Metropolen. Aber als Berlinerin und Berliner guckt man eben nun mal nach Berlin. Man muss ja hier pünktlich von A nach B kommen, wenn man »uff Arbeet« will. Und eigentlich ist es nicht wirklich lustig, dass der Berufsverkehr täglich einem Lotteriespiel ähnelt: »Mal sehen, welches Los man heute wieder jezogen hat.« Irgendwo ist nämlich immer was los: Signalstörung, Notarzteinsatz, Zugschaden, Polizeieinsatz, Weichenstörung, nicht näher beschriebene »Verzögerungen im Betriebsablauf«. Und dann die ständigen Baumaßnahmen. Die Berlinerinnen und Berliner haben ausreichend Erfahrungen mit Pendeleien und Ersatzverkehr. Volle Züge und Störungen gibt es aber auch außerhalb des Berufsverkehrs – etwa wenn Leute im Sommer massenhaft »int Jrüne« fahren, zum Strandbad, an die Seen. Vor allem Party-People sowie Besucherinnen und Besucher der Stadt drängen sich mit Vorliebe nachts auf bestimmten Strecken in den »Öffis«.

Berufsverkehr ist auch nicht gleichzusetzen mit der Rushhour. Obwohl das den Berlinerinnen und Berlinern eigentlich egal ist. Der Statistik zufolge ist es am Morgen zwischen acht und neun und am frühen Abend zwischen 16 und 17 Uhr am vollsten. Und zwar auch auf der Straße, auf der sich ja ein sehr großer Teil des Berufsverkehrs abspielt. Zu bestimmten Zeiten läuft da nix mehr. Obwohl wir es ja noch gut haben in Berlin. In anderen Städten der Welt parkt man regelrecht im Verkehr. Im nigerianischen Lagos bieten »Go-slow-traders« den Autofahrerinnen und Autofahrern an, ihnen alles zu besorgen, bevor sie auch nur einen Kilometer weit gekommen sind: Duschvorhänge, Toilettensitze, CD-Raubkopien, Welpen und andere Tiere, wie es in einem Bericht hieß. Man kann also bei der Fahrt nicht nur »den Blümchen beim Wachsen zukieken«, sondern gleich noch seine Wohnung ausstatten.

Bis dahin wird es in Berlin noch ein bisschen dauern. Doch bereits jetzt stehen auch hier die Autos durchschnittlich 71

Stunden im Stau. Allerdings nicht in der Woche, sondern im Jahr, wie eine Auswertung des Verkehrsdatenanbieters Inrix für 2022 ergab. Spitzen-Stau-Bereich soll die Autobahn 100 zwischen dem Hohenzollerndamm und dem Kreuz Schöneberg sein. Vor allem Pendler, also Leute, die etwa im Speckgürtel Berlins wohnen und mitten in der Stadt arbeiten, fluchen über Staus im Berufsverkehr. Allerdings möchte man auch keine Pendlerin und kein Pendler in Paris, London oder Chicago sein. Dort steht man im Durchschnitt 138 bis 156 Stunden pro Jahr im Stau.

Berufsverkehr als Massenerscheinung – so etwas gibt es historisch noch gar nicht so lange. Vor gut zwei Jahrhunderten spielte sich alles noch im engsten Raum ab. Der Handwerker schloss irgendwann seine Werkstatt im Kiez auf. Die lag gleich neben der eigenen Bude oder ein paar Straßen weiter. In Köpenick, wo ich wohne, gab es in der Altstadt alles: von der Bäckerei über die Brauerei bis zur Druckerei. Auch die Arbeit für überregionale Märkte fand noch Ende des 18. Jahrhunderts meist in Heimarbeit statt. Fuhr da überhaupt mal jemand »nach Berlin« (wie es am Rand der Stadt noch immer heißt)? Und warum? Und womit?

Die Entwicklung des Berufsverkehrs hing mit der Industrialisierung zusammen – und mit dem Massenzustrom von Arbeiterinnen und Arbeitern. Die erste Pferde-Omnibuslinie entstand 1925. Der jüdische Unternehmer Simon Kremser hatte sie ins Leben gerufen und damit den öffentlichen Nahverkehr in Berlin begründet. Heute noch erinnert »der Kremser« an ihn. Auf solch einem Pferdewagen hocken Väter am »Herrentag«, um sich zu besaufen. Pferdebahnen auf Gleisen gab es dann ab 1865. Der Bau der Ringbahn begann 1867. Die Stadtbahn (heute S-Bahn) wurde ab 1875 errichtet. Die »Elektrische« – also die Straßenbahn, zu der manche heute fälschlicherweise »Tram« sagen – übernahm ab 1895 einen sehr großen Teil des Berufsverkehrs. Und von 1902 bis 1913 entstanden die ersten fünf Hochbahn- und U-Bahn-Strecken. Heute hat Berlin das größte U-Bahn-Netz im deutschsprachigen Raum.

Diese Aufzählung wäre an sich nicht so aussagekräftig, wenn man nicht die Entwicklung von Bevölkerung und Industrie hinzunähme. Zwischen 1825 und 1913 verzehnfachte sich die Berliner Bevölkerung. Aus etwa 220.000 Menschen wurden zwei Millionen. Wahre Industrie-Monstren entstanden: die AEG in Wedding und Oberschöneweide, die Borsigwerke in Tegel, die Siemensstadt in Spandau, dazu unzählige Betriebe aller Art. Rund um die Innenstadt entstanden Mietskasernen für Hunderttausende. Im »Chicago Europas« (Mark Twain) wälzten sich täglich Massen auf den Weg zur Arbeit. Nicht nur in die Produktion, sondern auch in die Kaufhäuser und Läden, die Kliniken, die Büros der Ministerien, die unzähligen Redaktionen und Verlage.

Auch ich habe meine Berufsverkehr-Erfahrungen. Mit Hunderten ausgelesenen Büchern und unzähligen Erlebnissen. Als ich 1978 mit der täglichen Fahrerei zur Lehrausbildung an der Jannowitzbrücke begann, gab es noch S-Bahnwagen mit Holzbänken. An den besonderen Sing-Sang der fahrenden S-Bahn und den prägnanten Geruch – nach Gummi und Elektrizität – kann ich mich bis heute erinnern. Menschen dösten früh um sechs blass auf ihren

Sitzen, schwankten an den Haltestangen oder lasen Zeitung. Niemand plapperte die ganze Fahrt lang ins Handy. So etwas gab's ja noch nicht. Ich erlebte manche Streiterei (Fenster auf oder zu?!), Augen-Flirts, Sauna-Hitze und Bibber-Kälte. Die S-Bahn hielt viel aus. Sie fuhr auch mit vereisten Türen. Man musste sie ohnehin selbst öffnen, mit einem kräftigen Ruck an zwei Türgriffen. Und wenn der Zug in einen Bahnhof einfuhr, sprang man als cooler Jugendlicher ab, bevor sie zum Stehen gekommen war.

Heute ist der Berufsverkehr sogar Forschungsthema der Psychologie, als Stressor. Mehr als sieben Prozent der Berufstätigen verbrächten täglich mehr als zwei Stunden im Berufsverkehr, steht in einem Online-Lexikon der Psychologie. »So etwas macht was mit einem«, heißt es auf Neudeutsch. Wissenschaftlerinnen und Wissenschaftler wollen natürlich ganz genau wissen, was »es macht«. Ich kann es nicht sagen. Aber die Hälfte der Geschichten, die ich über den Alltag Berlins geschrieben habe, gäbe es wohl nicht ohne die Erlebnisse im Berufsverkehr.

Wie ein »Furz auf der Gardinenstange« bin ich jahrzehntelang auf meiner Strecke zwischen Köpenick und Alex hin- und hergefahren, manchmal schnell, manchmal rumpelnd, manchmal mit Unterbrechungen und Umwegen. Ich habe es vor einiger Zeit mal ausgerechnet: In drei Jahrzehnten habe ich es auf diese Weise siebenmal um die Erde geschafft.

Torsten Harmsen

Betteln, das ['bɛtl̩n]

In Berlin wird gebettelt, heute gar mehr als in den 2000ern. Bargeld erbeten wird in der U- oder S-Bahn, vor dem Supermarkt oder auf offener Straße. Von Sozialarbeiter:innen wird Betteln als Job auf dem „fünften Arbeitsmarkt“ beschrieben. Man schnorrt, verkauft Straßenzeitungen, sammelt Flaschen oder spielt Musik. Geber:innen überzeugen v. a. anrührende Geschichten, allzu viel Elend hingegen verstört.

Ein:e jede:r kennt sie: die Bettler:innen der Stadt. Sie sind jung oder alt, Frauen oder Männer, gesund oder gebrechlich aussehende, adrett gekleidete oder zerlumpte. Es gibt Bettler:innen mit oder ohne Hund, jene, die alleine und jene, die in der Gruppe unterwegs sind. Manche wirken nüchtern, andere berauscht. Sie bitten um Almosen, wollen Geld, ein Stück Brot, eine Zigarette, ein Bier, das ausgetrunkene Leergut oder anderes. Die einen betteln laut, andere ganz leise, manche aggressiv, die meisten zurückhaltend. Man trifft sie in U- und S-Bahnen, auf der Straße, Tür aufhaltend an der Bank, an Touri-Hotspots, in der Nähe von Festivals, am Alex und weiteren Orten Berlins.

Über die letzten Jahre hinweg hat man das Gefühl, dass es immer mehr geworden sind. Die Corona-Krise, der Krieg in der Ukraine, die Inflation und andere Einschläge scheinen immer mehr Menschen zu Bettler:innen gemacht zu haben. Sie verdienen ihr Geld nicht auf dem ersten, regulären Arbeitsmarkt der freien Wirtschaft. Sie verdienen ihr

Geld auf der Straße. Doch Betteln ist kein anerkannter Beruf. Und das, obwohl schon lange gebettelt wird. Vom 14. bis zum 16. Jahrhundert galt ein Bettler, wie Birgit Wittstock in der österreichischen Zeitschrift *Falter* 2011 erklärt, gar als Ehrenmann. Gesetze regelten, wer wann und wo der Bettelei nachgehen durfte. Heute gibt es weniger Gesetze. Gebettelt werden darf überall, von jedermann. Und mit Betteln wird je nach eigener Gunst, dem Willen der Gebenden und je nach Jahreszeit unterschiedlich viel verdient. In Großstädten, wie Berlin sei – der nicht wirklich seriös wirkenden Homepage Bonus Bunny zufolge – ein Tagesverdienst von 20 bis 30 Euro fast sicher. Man könne aber auch gut auf 50 bis 100 Euro kommen. Einige Bettelmeister:innen würden gar mehr verdienen und das Tolle daran: das Geld wird nicht versteuert, anders als der auf dem regulären Arbeitsmarkt verdiente Lohn. Zuweilen sei es also lukrativer betteln zu gehen, statt z. B. Brötchen zu verkaufen. Hilfreich sei es, einen Hund, noch besser einen Welpen dabei zu haben. Bettler:innen mit Behinderung würden in der Regel mehr Geld erhalten, als Bettler:innen ohne. Ein gepflegtes äußeres Erscheinungsbild sei hilfreicher als verlottert zu erscheinen. Wichtig sei, nicht als Betrüger:in rüberzukommen.

Um zu betteln und damit seinen Lebensunterhalt zu verdienen, brauche man – so die weiteren Informationen der Homepage – 1. einen Geldbehälter und 2. einen geeigneten Standort. 3. müsse man sich an den Standort begeben und dort warten, 4. gelegentlich Leute direkt ansprechen, 5. regelmäßig Spenden erhalten, 6. von morgens bis abends am Standort verharren, 7. am Ende des Tages einen guten

Verdienst erhalten, 8. die Prozedur wiederholen oder den Standort wechseln und 9. langfristig als Bettler:in sein Geld verdienen. Ob man das wirklich will, ist eine andere Frage. Auch berücksichtigt die Homepage nicht, dass Bettler:innen untereinander häufig die Standorte aufgeteilt haben und es schwieriger ist, als Novize oder Novizin an begehrte Standorte zu kommen. Ebenso wenig wird erwähnt, dass das Betteln an manchen Tagen, v. a. zum Monatsende hin, weniger gewinnbringend ist, dass man rund um Weihnachten mehr als zu anderen Zeiten verdient, und dass man seine Scham beim Betteln vergessen muss. Auch nicht erzählt wird, dass es an manchen Orten viel mühsamer ist, Geld zu verdienen: In Gegenden, in denen die Durchschnittsbevölkerung selbst wenig hat, soll es z. B. bessere Verdienstmöglichkeiten geben als in Regionen, wo die Leute genügend Geld haben. Denn da, wo die Gefahr größer ist, selbst in Armut abzurutschen, sei die Bereitschaft, Geld zu geben, größer.

Und doch muss man zugeben, dass es Nicht-Bettelnde manchmal nervt so viele Bettler:innen in der Stadt zu sehen. Ist man als Nicht-Bettelnde:r unterwegs, ist es zuweilen kaum zu ertragen. Auf der Fahrt in der U- oder S-Bahn geben sich Bettler:innen zur Rushhour an fast jeder Station die Klinke in die Hand. Manche der Bettelnden haben ausschließlich einen Pappbecher dabei, den sie stumm vor das eigene Gesicht halten, andere verkaufen Obdachlosenzeitungen, wieder andere spielen Musik. Abgeschlafft vom Arbeitstag, will man eigentlich nicht an die Armut in dieser Stadt erinnert werden, bei jedem und jeder Bettler:in sein Portemonnaie erneut zücken müssen, um mit einer kleinen Spende deren Klingelbeutel zu füllen. Man selbst will doch eigentlich nur sein Buch lesen, entspannen und den eigenen Alltag Revue passieren lassen. Steigt man, angekommen an seiner Haltestelle aus, wird man häufig erneut um Almosen gebeten. Dabei hat man gegebenenfalls schon all sein Kleingeld verausgabt. Beim Genuss seines leckeren Essens im Biergarten oder anderen Lokalitäten der Stadt, kommen dann weitere vorbei, zeigen die motz, eine Klingelbüchse oder halten einem ihren zerknautschten Pappbecher hin, um das begehrte Kleingeld zu bekommen. Manche von ihnen bleiben penetrant lange vor einem stehen und scheinen erst zu gehen, wenn man ihnen einen Euro gegeben hat. Andere streifen durch die Reihen und hoffen so an Geld zu kommen. Wieder andere bieten aber auch großartige Shows, sei es als Kleinkünstler:in, Performer:in oder Guitarrero der Herzen. Zuweilen macht es an einem sommerlichen Abend im Park große Freude, ihnen in ihrer „Solo-Selbstständigkeit“ zuzuschauen. Dann gibt man gerne Geld, hält einen kurzen Talk und erfreut sich der Unterhaltung.

Meist aber verstört der Blick auf diejenigen, die ihr „Gehalt“ nicht auf ihr Konto überwiesen bekommen, sondern im wahrsten Sinne des Wortes von der Hand in den Mund leben und damit auf die Almosen der auf dem ersten Arbeitsmarkt Verdienenden angewiesen sind. Gelegentlich fragt man sich, ob man ihnen überhaupt Geld geben soll, wenn sie vor der Bank, in der Einkaufsstraße, in der Unterführung oder Bahn danach fragen. Viele Menschen ignorieren die Bettler:innen, manche geben statt Geld Lebensmittel. Aber ist das richtig? Hilft das Bettelnden weiter? Ich behaupte, es hilft nicht. Wie die Caritas meine ich, dass Betteln ein Ausdruck einer extremen Notlage ist und ein Lächeln oder Geld zu geben, hilft. Es hilft mehr, als Bettelnde zu ignorieren oder sie zu bevormunden. Better:innen wissen meist am besten, was sie benötigen. Sie nicht anzuschauen oder ihnen ungefragt Lebensmittel zu spenden, hilft da nicht unbedingt weiter. Es nimmt ihnen ihre letzte Würde. Und selbst wenn sie – bekommen sie Geld – dieses für Alkohol oder anderweitige Drogen ausgeben, wird es in dem Moment seinen Sinn haben. Denn viele, wenn auch nicht alle Bettler:innen sind süchtig. Die Süchtigen brauchen den Alkohol oder die Drogen, um zu überleben. Auf die Straße gebracht haben sie meist Arbeitslosigkeit, Krankheiten, Sucht, psychische oder familiäre Krisen. Sie brauchen das Geld, um überleben zu können.

Versuchen wir uns mal in ihre Lage zu versetzen. Gegebenenfalls hilft es, dabei daran zu denken, dass Betteln weit mehr ist, als um Almosen zu bitten. Dem Deutschen Wortschatzportal von 1600 bis heute zufolge kann man um Gnade und Verzeihung, um Liebe oder einen Besuch betteln. Es ist eine wiederholte, inständig erbetene Bitte, die wir vielleicht alle schon einmal hatten und bei der wir auf die Gunst der anderen angewiesen waren. Betteln auch unter dieser Perspektive zu betrachten, verhilft der Stadt vielleicht zu mehr Solidarität.

Irene Leser

Bewegung, die [bəˈveːgʊŋ]

Bewegung gilt als ein Zustand jenseits der Ruhe und kann sich sowohl auf physische als auch psychisch-seelische Prozesse, aber auch politische oder sportliche Betätigungsbereiche beziehen. Eine Bewegung sieht manchmal behäbig aus, kann aber auch gleichförmig, elegant oder geschmeidig ausgeführt werden.

An einem spätsommerlichen Nachmittag sitzen wir in einem der vielen Berliner Cafés. Jeder von uns vertieft in den Newsfeedalgorithmus des Smartphones, gefangen in einer unendlich scrollenden Daumenbewegung und dabei Kaffee schlürfend, bricht ein Satz in unsere Gedankenwelt: »Du könnt'st dich och ma mehr bewejen«, sagt eine Frau am Nachbartisch. Der Mann gegenüber schaut sie daraufhin verdutzt an, erwidert jedoch nichts. Was könnte sie damit meinen?

Bezieht sie sich auf den aktuell im Prenzlauer Berg verbreiteten Gesundheitswahn, der als Bewegungs-Imperativ in vielfältigen, oft überhöhten Ausformungen durch die Medien mäandert? Eventuell geht es ihr ja um sein Wohlergehen, da Bewegung ja bekanntlich die Lebensdauer verlängert und Demenz verhindert. »Deutsche bewegen sich zu wenig!« steht immer häufiger als Schlagzeile in Artikeln von (Online-)Zeitungen, weshalb die Fettsucht um sich greift und Herzerkrankungen zu einer der häufigsten Todesursachen in Deutschland führen. Sollte er mit Rilke gesprochen sein Leben ändern? Ist es also als Aufforderung zu mehr Bewegung zu verstehen? Wäre das nicht etwas übergriffig?

Meint sie, er solle sich mehr durch Berlin bewegen? Eine Stadt, die atmet, pulsiert und immer wach ist? Deren Ringbahn – weniger ein Ring als ein Hundekopf, wenn man mal genauer hinschauen würde – unendlich ihre »Kreise« zieht, in der sich jede Bewegung von Ort zu Ort in ein unbestimmtes Abenteuer verwandelt, da man nie genau wissen kann, was sich einem in den Weg stellt. Egal, ob mit der S- bzw. U-Bahn, dem Fahrrad oder dem Auto unterwegs, eine Bombenentschärfung, ein Marathon, Tiere oder Menschen auf der Fahrbahn, eine Baustelle, ein Polizeieinsatz oder auch nur eine Umleitung können schnell zu einer halben Stadtrundfahrt und dem Zwang zu mehr Bewegung führen. In Bahn und Bus trifft man wiederum auf Menschen der niemals schlafenden Technoszene, welche mit ihren Clubs womöglich demnächst zum UNESCO-Weltkulturerbe zählt. Im berühmt-berüchtigten Berghain, wo Menschen zu einem synchron pulsierenden Organismus verschmelzen, der die Nacht zum Tag und zum nächsten Tag macht, während sich fast schon osmotisch Körperflüssigkeiten und andere Substanzen in diesem Gebilde ausbreiten. Auch wir waren einst Teil dieser Masse.

Bewegung in Berlin gilt nicht nur als ein Produkt des städtischen Lebens, es ist eine tief verwurzelte Essenz, die die Stadt durchdringt und sie zu dem macht, was sie ist. Neue Gebäude – wie der Amazon-Tower – schießen wie Pilze aus dem Boden, während alte Industrieareale – wie das RAW-Gelände – in pulsierende Kulturzentren verwandelt werden. Die Straßen sind nie statisch, sondern fließen wie lebendige

Adern, welche die Stadt mit Energie versorgen. Es existiert kein Ort, der nicht von Bewegung erfüllt ist – sei es der Alexanderplatz, wo Menschen aus aller Welt sich in einem steten Strom verlieren, oder Kreuzberg, wo die Straßen mit Leben und Kreativität erfüllt sind. Selbst die Gebäude in Berlin sind in einer ständigen (Bau-)Bewegung. Nichts überdauert oder wird jemals »fertig«, egal ob in Stein gemeißelt, in Stahl gegossen oder mit Graffiti besprüht. Ständig entdeckt man irgendwo verhangene Gebäude, in einem Kokon aus Folien. Eine immer wieder aufkeimende, nicht enden wollende Metamorphose der Stadt. Als Gallionsfigur dieser an-dauernden Bau-Bewegung gilt sicherlich der Flughafen BER. Viele hatten schon nicht mehr daran geglaubt, die »echte« Eröffnung noch zu erleben. Eine historische Blamage, 14 Jahre betriebsamer Stillstand, in ständiger Erwartung einer abschließenden Verwandlung zum Flughafen. Kaum fertiggestellt, wird bereits wieder an ihm gebaut und erneuert. Als Berliner:in – obwohl fast alle eigentlich erst später hier hingezogen sind – ist die Bewegung doch in einen eingeschrieben, so wie das Leben (in) dieser Stadt.

Berlin – auch ein Sinnbild für Wandel und Neuerfindung – ist gezeichnet von einer *bewegten* Vergangenheit – von den Schrecken des Zweiten Weltkriegs bis zur Teilung und Wiedervereinigung Deutschlands. Jeder Schritt auf den Straßen ist eine Reise durch die Geschichte, die (un-)sichtbar in die historischen Gebäude, Denkmäler und Gedenkstätten eingelagert ist. Von der geteilten Stadt – zwei gegensätzliche Welten – und den Demonstrationen an der Mauer, bis hin zum »erklebten« Stillstand für den Klimaschutz. Berlin gilt als Schauplatz politischer Bewegungen und regelrechter Revierkämpfe. Dennoch existieren hier verschiedene Welten nebeneinander, von der pulsierenden Kunstszene in den Galerien von Mitte bis hin zu den alternativen Clubs in Friedrichshain und den Plattenbauten in Marzahn. Berlin ist Projektionsfläche und Projektor – diese Stadt überlagert Menschen unterschiedlicher Kulturen, Lebensweisen und Ideen zu schillernden Bildern eines Kaleidoskops, deren Partikel ständig in Bewegung verharren, ohne jedoch die Konturen zu verwischen.

Könnte sie auch seine geistige »Beweglichkeit« meinen? Denkt sie, er sei zu festgefahren? Bewegung ist schließlich mehr als physische Aktivität. Es ist eine Haltung, eine Lebenseinstellung, welche die Bürger:innen dieser Stadt prägt. Berlin ist Hafen für Suchende jeglicher Couleur. Berliner:innen gelten als unhöfliche, gleichsam weltoffene und experimentierfreudige Menschen, die den Mut haben, die verkrusteten Konventionen zu brechen und sich auf Gewagtes einzulassen. Es ist die Bewegung des Geistes, die sie antreibt – eine ständige Suche nach Inspiration, Kreativität und neuen Horizonten. Es ist ein Ort intellektueller Bewegung, an dem Ideen aufeinandertreffen und weiterentwickelt werden – zumindest manchmal. Vielleicht sollte er sich stärker gedanklich bewegen.

»Könnt'st de ma langsam?«, vernehmen wir wieder die Stimme vom Nebentisch und blicken zur Seite. Sie hatte sich zu ihm gedreht, beide Arme auf den Tisch gestützt und starrt ihn vorwurfsvoll an. »Biste einjeschlafen oda wat?« Da fällt es uns wie Schuppen von den Augen und ihm anscheinend auch – »Ach du willst uffstehn!« antwortet er. »Dann sach dit doch!« Er steht auf und macht ihr Platz. Sie geht auf Toilette.

Martin Brämer und Peter Stammerjohann

Bezirk, der [bəˈt͡sɪʁk]

Berlin ist divers. Das zeigt sich auch in seinen Bezirken. Treptow-Köpenick ist z. B. der mit Abstand größte Bezirk, mit richtig viel Wasser und im Verhältnis dazu wenigen Häusern. Friedrichshain-Kreuzberg hingegen ist der Bezirk mit der kleinsten Gesamtfläche, aber dem größten Anteil an Verkehrsstraßen. Die meisten Einwohner:innen hat Pankow und die wenigsten Spandau. In Mitte gibt es keinen Wald, nur ein paar Bäume. Treptow-Köpenick hingegen hat ganz viel Wald.

Berlin besteht seit der letzten Verwaltungsreform aus insgesamt zwölf Bezirken. Von 1990 bis 2000 waren es noch 23. Von der 23, der Zahl des Unglücks, der Zerstörung, der Illuminaten wandelte die letzte Verwaltungsreform Berlin also in eine biblisch anmutende Stadt, steht die Zwölf doch für die zwölf Söhne, die der Stammvater Jakob hatte, für die zwölf Stiere, die zwölf Widder und zwölf Ziegenböcke, die die Israeliten an der Stiftshütte, dem ersten Heiligtum Israels, opferten, und nicht zuletzt für die zwölf Apostel.

Geht es Berlin mit seinen zwölf Bezirken seither also besser? Gewöhnliche Berliner:innen würde entschieden »Nein!« herausrufen, wird die Stadt – so hört man es an jedem Stammtisch – doch recht ineffizient und viel zu teuer verwaltet, klappt es doch nur leidlich, einen begehrten Kita-Platz zu bekommen; sind die Grünanlagen, um die sich jeder Bezirk kümmern soll, im Sommer eher braun; sind die Straßen löchrig und im Berufsverkehr so gut wie immer verstopft; fehlen bezahlbare Wohnungen u. a. m. Und denkt man an die Bürgerämter ... ach ja, die Bürgerämter ... nie bekommt man einen Termin. Bis ins Unendliche sind die begehrten Plätze ausgebucht. Die digitale Terminverwaltung bringt da nicht viel. Der Tipp, den man von eingeschworenen Bürgeramtsterminbekommer:innen erhält, hilft da nicht viel: Man solle sich zwischen sieben und zehn Uhr online auf die Lauer legen. Denn zu dieser Zeit – in der man als gewöhnliche:r Berliner:in entweder noch im Bett liegt oder schon arbeitet – stellen die Bürgerämter stornierte Termine wieder frei. Vielleicht hat man Glück und ergattert einen Termin. Aber nicht jede:r kann an solch einem Volkssport teilnehmen. Nicht jede:r will bei der Terminsuche an die langen Schlangen vor den HO- und Fleischereigeschäften in der DDR erinnert werden. Manch eine:r will einfach nur einen Termin, um sich an- oder umzumelden, um ein Führungszeugnis, einen Personalausweis, Reisepass oder Wohngeld zu beantragen. In anderen Städten der Republik klappt das ja auch. Hoffnung gibt es: Demnächst sollen – so verkündet die Berliner Innensenatorin Iris Spranger – fünf neue Bürgerämter öffnen, mit 100 neuen Mitarbeitenden. Hoffen wir, dass sie gefunden werden und dann auch ihre Arbeit machen, um uns Berliner:innen wieder ein Stückchen glücklicher werden zu lassen.

Der Bezirk steht aber nicht nur für seine Bürgerämter. Ein Bezirk wird verwaltet und regiert. Die Bezirksverwaltung besteht in Berlin aus einem Bezirksbürgermeister bzw. einer -bürgermeisterin, vier Stadträt:innen und der Bezirksverordnetenversammlung. Ein Bezirk hat Fachämter, Fachabteilungen und Beauftragte. Im Bezirk wird geheiratet, eingebürgert, gewählt, gewohnt. Dem Bezirk unterliegt das Jugendamt, das Amt für Soziales, das Amt für Weiterbildung und Kultur, das für Stadtentwicklung, Straßenbau und Grünflächenbewirtschaftung. Im Bezirk gibt es das Ordnungs- und das Gesundheitsamt, das Umwelt- und Naturschutzamt, das Schul- und Sportamt. In ihm tagt u. a. der Migrations-, Behinderten- und Frauenbeirat. Der Bezirk kümmert sich um Prävention, Patient:innen und Senior:innen. Er hat eine:n Datenschutz-, eine:n Integrations- und eine:n Gleichstellungsbeauftragte:n. Hier wird kommunale Politik gemacht.

Charlottenburg-Wilmersdorf, Friedrichshain-Kreuzberg, Lichtenberg, Marzahn-Hellersdorf, Mitte, Neukölln, Pankow, Reinickendorf, Spandau, Steglitz-Zehlendorf, Tempelhof-Schöneberg und Treptow-Köpenick: Alle Bezirke sind historisch gewachsen und immer mal wieder neu zusammengelegt worden.

Der Bezirk Mitte ist nun z. B. nicht mehr nur Mitte-Mitte. Mitte setzt sich aus den Ortsteilen Gesundbrunnen, Hansaviertel, Mitte, Moabit, Tiergarten und Wedding zusammen. In einem einzigen Bezirk sind Ost und West, Arm und Reich, Bio-Deutsche und Migrant:innen vereint. Das ermöglicht es natürlich, statistisch die soziale Ungleichheit innerhalb des Bezirks und der Stadt klein zu reden. Denn ein Ossi und ein Wessi ergeben zusammen zwei Deutsche. Eine Arme und eine Reiche ergeben zusammen die Mittelschicht. Ein:e in Deutschland mit allen Vorfahr:innen und ein:e frisch Zugezogene:r die Zukunft des Landes.

Rechnet man das hoch auf die Stadt, haben die 3,669 Millionen Berliner:innen (Stand: 2023) ein Durchschnittsalter von 42,9 Jahren; 1,528 Millionen von ihnen sind Beschäftigte. Die durchschnittliche Geburtenrate liegt bei 1,59, deshalb gibt es 1858 Kinderspielplätze und 939 Schulen. 111.024 Hunde leben in Berlin, das öffentliche Straßennetz umfasst 5480 Kilometer. Berlin verteilt sich auf eine Gesamtfläche von 89.122 Hektar, von denen 12.016 Hektar Sport-, Freizeit- und Erholungsflächen sind. Außerdem gibt es 56 Bühnen, 175 Museen, 2003 Sportvereine, 60 Hallen- und 35 Frei- und Sommerbäder, 84 öffentliche Bibliotheken und eine nicht zu zählende Anzahl an Bars und Kneipen, Restaurants und Supermärkten.

Betrachtet man das Ganze wieder aus der Sicht der Bezirke, zeigt sich, dass hier ganz unterschiedliche Stadtteile zusammengelegt wurden. In Mitte z. B. der grüne Tiergarten mit seiner weitläufigen Parkanlage, dem Potsdamer Platz, dem Haus der Kulturen der Welt, diversen Museen und Konzerthäusern; das Regierungsviertel mit dem Bundestag und dem Brandenburger Tor; der Alexanderplatz mit seinem Roten Rathaus und dem Fernsehturm; die Brunnenstraße mit ihrer Zionskirche, die Tor- und Invalidenstraße; die Julius-Leber-Kaserne, die BayerPharma AG; Moabit mit seinem Westhafen und dem Huttenkiez, den gründerzeitlichen Häusern rund um den Stephanskiez und der Zillesiedlung; Wedding mit seinen Gewerbehöfen, Kleingartenkolonien, dem Gesundbrunnen(center), dem Humboldthain, der Müllerstraße und dem Leo. In Mitte treffen sich in einem Straßenzug die Regierenden der Bundesrepublik und entscheiden über das Wohl ihrer Bevölkerung;

im anderen trifft man die (zukünftige) Bildungselite, die in gendergerechter Sprache über Humboldt, Marx und andere Großköpfe philosophiert. Im nächsten Straßenzug geht die Schickeria Berlins essen und besucht die besten Galerien der Stadt. Nur wenige Straßen weiter klumpt sich eine Mischung aus hippen Zugezogenen, gepaart mit Drogenabhängigen, Migrant:innen in dritter und vierter Generation, Arbeitslosen und sogenannten Bildungsverlierer:innen. Es scheint fast so, als wäre Mitte, dieser Bezirk, der neben Kreuzberg und Neukölln von so vielen Tourist:innen besucht und bestaunt wird, aufgrund seiner Zusammensetzung unregierbar. Hoffen wir, dass Stefanie Remlinger, die für viele noch unbekannte Bezirksbürgermeisterin von Mitte (und Nachfolgerin von Stephan von Dassel, der wegen einer Stellenbesetzungsaffäre sein Amt, das er von 2016 bis 2022 innehatte, abgeben musste) einen hoffentlich sauberen und guten Job macht, genauso wie die anderen elf Bezirksbürgermeister:innen, die ganz unterschiedlich denkende Berliner:innen regieren dürfen.

Jeder Bezirk ist für sich genommen eine kleine Großstadt und hat seinen eigenen Charme und Attraktivitätswert. Genau das ist vielleicht auch ein Grund dafür, dass diese Stadt noch immer so viele verschiedene Personen anzieht, die sich dann dort ansiedeln, wo sie auf ihresgleichen treffen (sofern sie sich die Wohnungen leisten können). In Berlin kann eben noch immer jeder nach seiner Fasson selig werden, wie Friedrich II., der große Preußenkönig, schon vor ungefähr 250 Jahren bemerkte.

Irene Leser

Bier, das [biːɐ̯]

Bier, für dessen Herstellung es ausschließlich Wasser, Hopfen, Malz und Hefe braucht, ist ein deutsches Nationalgetränk. Der Bier-Trinkstatistik zufolge werden in Berlin jährlich 48 Liter pro Kopf getrunken. Das macht auf alle Einwohner:innen 184.838.832 Liter pro Jahr. Damit könnte man dreimal im Jahr alle 17 Beckenbäder der Berliner Sommerbäder füllen und alle Besucher:innen bierlaunig baden lassen.

Bier wird oft gescholten: Es ist als Quell von Aggression oder Sittenverfall oder neuerdings auch als Medium toxischer Männlichkeit stigmatisiert, es gilt als Ursache für Auto- und andere Unfälle oder schlicht als Suchtmittel und Beschleuniger gesundheitlichen und persönlichen Verfalls. Unfraglich haben all diese Vorwürfe auch ihre Berechtigung. Den genannten und sicher nicht erschöpfenden negativen Diskursen stehen aber auch allerlei affirmative Rahmen gegenüber. In der Alltagssprache ist Bier oft positiv besetzt: Wer frohen Gemüts oder überschwänglich ist, befindet sich in einer Bierlaune und eine vergnügte und ausgelassene Runde ist bierselig.

Bier kann die Laune heben und die damit verbundene Trinkkultur stiftet nicht selten soziale Bande – Orte des Biertrinkens sind oft Orte der Begegnung. Aber Biertrinken ist durchaus nicht nur tradiertes soziales und kommunikatives Handeln und Verhalten. Die Wurzeln seiner sozialen

Bedeutung greifen tiefer. Wenn Rumpelstilzchen im gleichnamigen Märchen ausruft: »Heute back ich, morgen brau ich …«, so verweist es damit auf den gewachsenen gesellschaftlichen Stellenwert des Bieres als Grundnahrungsmittel. Von den Anfängen der Sesshaftwerdung des Menschen bis tief in die Neuzeit hatte diese Bezeichnung durchaus ihre Berechtigung. Gerade im Mittelalter wurde Bier zu allen Tageszeiten und durch alle Gesellschaftsschichten sowie von allen Altersklassen getrunken. Dass dies mit dem mangelnden Zugang zu sauberem Trinkwasser zusammenhängt, ist ein gängiger Mythos, der nicht eindeutig bewiesen ist. Klar ist nur, dass der niedrige pH-Wert und der Alkohol die Entstehung von Keimen und Bakterien verhindern und Bier länger haltbar machen. In Ermangelung anderer (haltbarer) Getränke zu dieser Zeit war Bier also eventuell v. a. die aufregendere Alternative und Abwechslung zum spröden Wasser.

Mönchen stand im Mittelalter der Konsum von drei bis fünf Litern Bier pro Tag zu. Dennoch sollte man sich keine grölende Menge beschwipster Klerikaler vorstellen, die in Unterhose durch den Hopfengarten jagten: Der Alkoholgehalt war früher weitaus geringer und eher mit einem heutigen Alster bzw. Radler zu vergleichen. Die allerersten Biere, von denen man ausgeht, dass sie sogar schon vor über 10.000 Jahren in Mesopotamien und später Ägypten gebraut wurden, hatten wohl nur einen Alkoholgehalt zwischen einem und zwei Prozent. Auch in anderer Hinsicht widersprachen sie unserem heutigen Bild von Bier: Sie wurden noch nicht mit Hopfen, sondern meist mit Kräutern gebraut. Zudem wurden sie mit Strohhalmen getrunken, damit einem die damals noch nicht filterbaren Weizenrückstände nicht sprichwörtlich im Halse stecken blieben.

Die besondere soziale Bedeutung des Bieres lässt sich auch daran ablesen, dass es oft in Verbindung mit sakralen Riten genutzt wurde. Im mesopotamischen Kulturraum verehrte man entsprechend die Bier-Göttin Ninkasi und auch im heutigen polnisch-litauischen Gebiet kannte man mit Rauguzemapat(i) einen eigenen Gott für das Bittergetränk. In einigen akademischen Kreisen wird sogar davon ausgegangen, dass der rituelle Bierrausch der Grund für die Sesshaftwerdung und die damit verbundenen Risiken und Mühen des Anbaus war.

So sehr Bier gemeinschaftsstiftend und -erhaltend wirkte, so sehr war es auch immer Demarkationspunkt: Bezeichnend hierfür ist etwa die Bier-Wein-Schranke, die unterschiedliche Länder und Kulturen schon in der Antike trennte. Platon verglich das Staatswesen mit Bier und Wein, wobei ihm das Bier und die damit assoziierten Völker als unzivilisiert und »weibisch« galten. Auch heute noch spricht man vom rheinischen Bieräquator, um damit auf Unterschiede im Biergeschmack als auch im regionalen Selbstverständnis von Düsseldorf und Köln zu verweisen.

Dem Gerstensaft wurde in den »Biertrinkernationen« immer wieder eine bis an Wunderglauben reichende heilende Wirkung zugeschrieben. So soll es Fieber oder gar Rheuma innerhalb kürzester Zeit heilen können und in urbanen Legenden des Mittelalters werden Bierbrauer:innen in besonderem Maße von Gott begünstigt, wenn dieser sie beispielsweise von einer Feuersbrunst verschont oder von den Toten wieder auferstehen lässt. Auffällig ist, dass immer wieder ein (quasi-)medizinischer Diskurs bedient wird. Ganz offenbar ging es bei dem Gerede über die schädlichen oder heilenden Wirkungen des Bieres aber meist nicht ganz objektiv zu. Vielmehr hatten wir es oft weniger mit Wissensdisputen als mit ideologischen Grabenkämpfen und widerstreitenden kulturellen Überzeugungen zu tun, für die das Bier nur symbolisch steht. Das gilt auch heute noch: Bier steht für bestimmte Werte, Identitäten und Zugehörigkeiten – welche genau, das ist sozio-historisch variabel. Früher war es v. a. die Zugehörigkeit zu einer bestimmten nationalen Kultur und später auch zu einer gesellschaftlichen Schicht: Während der Industrialisierung galt Bier der Arbeiterklasse als Zeichen ihres Aufstiegs und in der DDR verstand man es nach dem Zweiten Weltkrieg v. a. als demokratisches Getränk. Heutzutage spielen nationale Identitäten und Klassen- oder Schichtzugehörigkeit, aber auch Geschlechterstereotype nach wie vor eine Rolle. Vermehrt geht es aber auch um Fragen der richtigen Lebensweise, sprich des Lebensstils. Im Vordergrund stehen dabei Normen, Werte und Einstellungen in ihrer ganzen Ausdifferenziertheit.

Das zeigt sich am Beispiel Craft-Beer. Damit ist nichtmassenindustriell gefertigtes, sondern in kleinen, auf Handwerk und geschmackliche Vielfalt bedachten »Mikrobrauereien« hergestelltes Bier gemeint. Craft Beer ist – wenngleich nicht nur – zum Lifestyle-Element einer jungen, hippen und urbanen Elite geworden. Abgelehnt wird dieser Trend hingegen oft von Bierpurist:innen und -traditionalist:innen, denen der distinktive Umgang mit Bier als prätentiös gilt: Für sie hat der verfeinerte Geschmack nichts mit der Wiederentdeckung und Aufwertung von Biertradition zu tun, für sie ist er eher Ausdruck eines Verfalls und Bedeutungsverlusts von jahrhundertelang bewährter Trinkkultur.

Anhänger:innen unterschiedlicher Fitness- oder ganzheitlicher Lebensstile wiederum stehen jeglicher Form des elaborierten, verstärkten oder zelebrierten Alkoholkonsums skeptisch gegenüber, da es sich nicht oder nur schwer mit gesundheits- oder achtsamkeitsorientierten Lebensweisen vereinbaren lässt. Dieser Klientel macht sich ein Markt an immer ausdifferenzierteren alkoholfreien Bieren anheischig, die damit werben, isotonisch und nährstoffreich zu sein.

Aber auch über das Craft-Beer-Segment hinaus spielen Lifestyle und Identität eine zunehmende Rolle für den Bierkonsum: Die traditionellen Brauereien schmücken sich bspw. zunehmend mit ihrer jeweiligen Historie, ihrer regionalen Identität und nicht zuletzt mit dem Verweis auf das Reinheitsgebot und haben entsprechend ihre Fans und Verfechter:innen.

Bier (und wer Bier trinkt) will heute also immer irgendwie besonders sein? Ja und nein. Zugleich konzentriert sich nämlich über die Hälfte des Bierangebots weltweit auf nur fünf Konzerne und den meisten Absatz finden immer noch die klassischen masseindustriell gefertigten Markenbiere wie Heineken oder Krombacher. Standardisierung und Individualisierung, die Gleichzeitigkeit des Ungleichzeitigen – auch hier ist Bier also nur Spiegel der Zeit, der tiefe Blick ins Glas offenbart das Gesicht der Gesellschaft. Mal trüber, mal klarer, sei es in Bayern, Brandenburg oder Berlin.

Sascha Oswald

Bikulturalität, die [bikʊlˈtuːʁ̯aliˈtɛːt]

Der Begriff der Bikulturalität setzt sich aus dem Wort »Kultur« und dem Präfix »Bi« zusammen. Unter Bikulturalität versteht man die Koexistenz zweier ehemals getrennt voneinander existierender Kulturen. Alternativ könnte man auch von Inter-, Trans-, Pluri- oder Multikulturalität sprechen, hätte dann aber leicht verschobene Wortbedeutungen. Es ginge nicht mehr nur um zwei, sondern gegebenenfalls auch mehrere aufeinandertreffende Kulturen, die sich gegenseitig beeinflussen, vernetzen und vermischen. In allen geht es aber immer um mehr als nur eins.

Sind Sie an einem sommerlichen Wochenende schon einmal durch den Mauerpark gelaufen? Ich empfehle es Ihnen. Ein Spaziergang durch den Mauerpark, einer grünen Oase zwischen dem Prenzlauer Berg und dem Wedding, der in den 1990ern auf den Ruinen des ehemaligen »Todesstreifens« gebaut wurde, lohnt sich. Sie werden erstaunt sein: Sonntags lockt ein Flohmarkt, der nicht nur Ausrangiertes, sondern auch schön gestaltetes Kunsthandwerk sowie klassische und exotische Kulinarik bietet. Gegenüber vom Markt werden Sie Straßenkünstler:innen, Musiker:innen, Artist:innen, Percussionspieler:innen, Tanzwütige und gegebenenfalls auch Hobbysänger:innen erleben. Sie werden Menschen sehen, die gemeinsam Basketball oder Fußball spielen, die skaten, im Kreise der Freund:innen oder Familie grillen, mit ihren Hunden unterwegs sind, im Mauersegler essen und trinken, in der Fußballkneipe Tante Käthe ein gemeinsames Spiel schauen oder kickern. Die Besucher:innen des Mauerparks stammen aus allen Bevölkerungs- und Altersgruppen der Welt. Sie kommen aus unterschiedlichen Ländern, leben schon lange in Berlin oder sind für ein Wochenende zu Besuch. Im Mauerpark werden Sie ein großes Maß an kultureller Vielfalt erfahren. Diejenigen, die Sie dort treffen, genießen zumeist das grüne Kleinod. Nur selten sieht man Personen im Streit. Und manchmal überschneiden sich die Aktivitätszonen: Bongo- und Percussiontöne vervollständigen den Elektrobeat des DJs, der zwei Meter entfernt die Massen in Tanzschwingung bringt. Daneben wippt eine voller Entspannung Lesende mit ihrem rechten Fuß zum Karaokeklang im Amphitheater. Mauergärtner:innen halten einen Smalltalk mit auf Rollschuhen vorbeifahrenden Hipster-Ladys.

Der Mauerpark ist der Inbegriff für Multikulturalität und manchmal entspinnt sich aus den Begegnungen im Park auch ein kleiner Flirt oder gar die große Liebe. Ein Flirt, ein Talk, ein Kuss und schon ist es passiert. Zwei Menschen aus zwei unterschiedlichen Kulturen kommen zusammen.

Statistisch gesehen gibt es in Berlin fast sechsmal so viele binationale Paare wie in Brandenburg. Jede fünfte Ehe ist binational: Türkinnen heiraten Deutsche, Deutsche heiraten Polinnen, Libanesen heiraten Italiener, Amerikanerinnen Britinnen u. v. m. Bikulturalität wird in der Hauptstadt gelebt.

Der Begriff selbst stammt ursprünglich aus Kanada. Die Royal Commission on Bilingualism and Biculturalism empfahl, Kanada offiziell zweisprachig zu machen. Und so wird seit 1969 in Kanada in der Amtssprache gleichrangig Englisch und Französisch gesprochen.

Nun bevorzugen es manche, statt von Bikulturalismus von Multikulturalismus zu sprechen. Denn Bikulturalität deutet darauf hin, dass nur zwei Kulturen eine formelle Anerkennung verdienen. Was nun aber, wenn es, wie in Berlin, Menschen aus der ganzen Welt gibt? Kann man da immer noch von Bikulturalismus sprechen? In Partnerschaften, würde ich sagen, schon. Denn in der Regel bestehen die aus zwei Personen und diese beiden kommen meist aus unterschiedlichen Familien und diese Familien leben unterschiedliche Kulturen und das sogar, wenn sie aus ein und derselben Stadt kommen. Klar, in vielen Partnerschaften sind sich die Paare ähnlich. Aber Unterschiede gibt es immer. Man heiratet ja nicht sich selbst, sondern einen Partner oder eine Partnerin. In manchen Paarbeziehungen aber kommen die Partner nicht aus derselben Stadt, nicht aus demselben Land, sondern stammen aus zwei verschiedenen Nationen, die dann gegebenenfalls von der kulturellen Ausrichtung und dem Sprachgebrauch diverser sind, als wenn sie aus einer Nation stammen. Das kann die Partnerschaft bereichern. Man hat die Möglichkeit andere Sprachen zu lernen, in andere Kulturen hineinzuwachsen. Es kann die Partnerschaft aber auch verkomplizieren. Es heißt zwar immer: Gegensätze ziehen sich an. Aber wissenschaftlich bewiesen ist, dass wohl doch eher gleich und gleich länger verbunden bleibt. In Berlin gibt es deshalb einige auf bikulturelle Partnerschaften spezialisierte Paartherapeut:innen. Denn in bikulturellen Partnerschaften können sich trotz aller Gemeinsamkeiten und Übereinstimmungen doch einige Probleme mehr ergeben. Zuweilen wird z. B. nicht in der jeweiligen Herkunftssprache miteinander kommuniziert. »Ich liebe dich!« lässt sich schnell in eine andere Sprache übersetzen. Aber über eigene Emotionen und Gefühle spricht es sich oft besser in der Herkunftssprache. Auch ist die Wahrscheinlichkeit größer, dass interkulturelle Paare häufiger nur schwer übereinzubringende familiäre Erfahrungen gesammelt haben. Im Streit steigert sich das oft in stereotype Vorurteile: »Da lässt du mal wieder ganz schön den Türken raushängen«, »Und du versteifte Kartoffel solltest mal nicht so engstirnig sein« wirft man sich dann gerne gegenseitig an den Kopf. Wie in einem Brennglas zeigen sich unterschiedliche Wertvorstellungen, sei es in Fragen zur Religion, dem Geschlechterverhältnis, der Erziehung oder zu gesellschaftlichen Grundwerten. Auch wird man in bikulturellen Partnerschaften manchmal von außen angefeindet, begegnet Vorurteilen, die man, hätte man eine:n Partner:in aus der eigenen Community geheiratet, nicht erfahren würde. Gegebenenfalls geht es auch um Fragen der Aufenthaltsgenehmigung: »Du hast (mich) doch nur geheiratet, damit du in Deutschland anerkannt wirst. Pack deine Zahnbürste ein und geh dahin zurück, wo du hergekommen bist.« Solche Vorwürfe schmerzen. Und doch hat es eine:n irgendwann zur oder zum andere:n gezogen. Man hat möglicherweise Kinder in die Welt gesetzt, sie gemeinsam erzogen. Vielleicht sind die Kinder auch in zwei Heimaten groß geworden: in Berlin und im Ausland, bei den Großeltern. Sie haben gegebenenfalls zwei bis drei Sprachen als ihre Muttersprache gelernt, in der Schule beim Elternabend übersetzt, Behördenbriefe beantwortet, waren im Sportverein. Sie haben es gelernt, sich mit den divergierenden Werten und Normen in der Familie und im sozialen Umfeld auseinanderzusetzen. Sie sind die wahren Kosmopolit:innen. Ihnen ist egal, wo ihre Freund:innen herkommen, welche Sprachen sie sprechen, welche Staatsbürgerschaften sie haben. Sie interessieren die Menschen in ihrem kreativen Umgang mit den vielfältigen kulturellen Einflüssen. Sie sitzen nicht mehr zwischen den Stühlen. Sie sitzen auf einem dritten Stuhl, ihrem eigenen und Berlin hat ihnen die Möglichkeit dazu gegeben. Berlin hat es geschafft, dass sich Mutter und Vater begegnet sind, sie sich ineinander verliebt haben, sie zur Welt gebracht haben. Berlin ist in seiner Art, mit seinen kreativen Orten, ein Raum der Begegnung. Berlin ist eine zumeist offene und tolerante Stadt. Dafür braucht es aber auch weiter all jene Räume, die es schaffen, dass sich Menschen aus verschiedenen Kulturen treffen. Es braucht die Brachen der Kreativität und Weltoffenheit, diese Zwischenwelten, jenseits eines Anpassungs- und Assimilationszwangs: eben Räume, wie der Mauerpark einer ist.

Irene Leser

Bitch, die [bɪt͡ʃ]

Ursprünglich wertneutral und zur Bezeichnung eines weiblichen Hundes verwendet, ist die »bitch« mittlerweile in sämtliche Sphären der Gegenwarts- und hier v. a. der Populärkultur vorgedrungen. Der englischsprachige Ausdruck ist meist an weiblich gelesene Personen adressiert und zielt darauf, diese herabzusetzen, indem sie als böse, gemein, hysterisch, dominant, promiskuitiv, launenhaft und dergleichen abgewertet werden.

An dieser Stelle könnte der Artikel enden, wäre Sprache kein offenes System, Medientexte nicht polysem und die Populärkultur nicht *der* soziale Ort, an dem gesellschaftliche Kämpfe um Bedeutung, Identität und Macht ausgetragen würden. Begriff und Image der »bitch« haben innerhalb der letzten Jahrzehnte nämlich einen enormen Bedeutungswandel durchlaufen! Eine Entwicklung, die die anhaltend populärste unter den populären Kulturen maßgeblich mitverantwortet: HipHop. Blicken wir aber zunächst auf die Verbreitung, Verwendung und Bedeutung der »bitch« in der erfolgreichsten und langlebigsten Jugendkultur der Welt: Neben »fuck« oder »motherfucker« zählt »bitch« zu den wohl am häufigsten verwendeten Ausdrücken im HipHop überhaupt. Ein Grund dafür ist sicherlich in der männlichen Dominanz und zuweilen überbordenden Misogynie der Szene auszumachen, in der die Kontrolle und Unterordnung von Frauen* und allem Weiblichen mehr oder weniger zum »guten« Ton gehört.

Die »bitch«-Dichte im HipHop-Wortschatz hat aber auch mit einigen sprachlichen Besonderheiten der (ehemaligen Sub-)Kultur zu tun: Viele Sprechakte des Rap lassen sich auf afroamerikanische Beleidigungs- und Schlagfertigkeitsduelle zurückführen, in denen es u. a. darum geht, sein jeweiliges Gegenüber möglichst kreativ zu beleidigen. Vokabeln aus dem lexikalischen Feld »Sexualität« liegen da natürlich nahe, am besten solche, die auf die gegnerische Mutter zielen, eine »bitch«, mit der es freilich so ziemlich jeder getrieben hat, außer der gegnerische Vater. Ein Klassiker auf diesem Gebiet und neben dem »motherfucker« auch die (wortwörtliche) Geburt des viel gehörten »son of a bitch«. Als rassistisch diskriminierte und/oder sozial marginalisierte Subjekte geht es den Sprecher:innen des HipHop außerdem seit Anbeginn um Aufmerksamkeit, Repräsentation und Teilhabe an Kultur und Gesellschaft. Sprachliche Tabubrüche, Schimpfwörter und empowernde Sprechweisen wie die Selbsterhöhung des lyrischen Ich (»boss bitch«) gehören deshalb ebenso zum Rapjargon. Nicht zuletzt kommt die »bitch« im Rap schlichtweg durch den Reimzwang zum Einsatz, reimt sie sich doch hervorragend auf andere beliebte Rap-Vokabeln wie »rich«, »snitch« und jede Menge andere Begriffe wie »pitch«, »which«, »twitch«, »sandwich« oder »Mitch« (dem von Baywatch, z. B.). Vielseitig einsetzbar, ist die »bitch« auch als Füllwort oder Adlib beliebt, jene Worte bzw. Laute, die Rapper:innen gerne ans Ende von Zeilen oder Strophen packen und die im Falle häufiger Verwendung als Individualitätsmarker fungieren. Im US-amerikanischen Raum hat der Ausdruck »bitch« seine negative geschlechtsbezogene Semantik in vielen Kontexten übrigens eingebüßt und wird umgangssprachlich auch mal synonym zu wertneutralen Begriffen wie »Ort« bzw. »Platz« verwendet (»I'm back in this bitch«).

Ob als Beleidigung von Frauen* und damit Aufwertung der eigenen Männlichkeit, als Selbstermächtigungsstrategie, Füllwort oder Reimvokabel: Aus dem Kanon der mittlerweile 50-jährigen HipHop-Kultur ist die »bitch« definitiv nicht mehr wegzudenken – auch wenn sie sicherlich auch außerhalb des HipHop ihre musikhistorischen Glanzmomente hatte, z. B. den Song »Queen Bitch« von David Bowie von 1971 oder den Chart-Hit »Bitch« von Meredith Brooks aus dem Jahr 1997. Aufgrund ihrer vielschichtigen Semantik hat sie es jedenfalls nicht nur auf fast jedes Gangsta-Rap-Album, sondern auch in den Club und die Mainstream-Charts geschafft. Außerdem sind der »bitch« Dutzende Klassiker und Catchphrases der Szene zu verdanken, womit sie maßgeblich an so mancher Legendenbildung beteiligt war und immer noch ist (z. B. »Life's a Bitch (and then you die)« von Nas oder »Bitch don't kill my vibe« von Kendrick Lamar).

Die größte Bedeutung kommt der »bitch« aber sicherlich in puncto Geschlecht, Sexualität und Empowerment zu. Als *das* (sub)kulturelle Medium sprachlicher Selbstermächtigung überhaupt, blickt Rap auf eine lange Tradition der Rückeroberung verletzender Sprechhandlungen zurück, was in der Forschung meist unter Stichworten wie Reclaiming oder Resignifizierung verhandelt wird. Neben dem N-Wort ist die »bitch« sicherlich das prominenteste Beispiel auf diesem Terrain. Ein historischer Streifzug durch 50 Jahre HipHop-Geschichte offenbart, dass sich Rapper:innen schon sehr lange auf sehr unterschiedliche Weise an der diskriminierenden Bezeichnungspraxis abarbeiten. Für einige US-amerikanische Rapper:innen der ersten Stunde war die selbstbewusste Aneignung des »bitch«-Images noch keine Option. Wieder andere entdeckten in der »bitch« so manches Ermächtigungspotenzial und begannen Begriff und Image der »bitch« positiv für sich umzudeuten, ja zuweilen gar ins Zentrum ihrer HipHop-Identität zu stellen.

Gut 20 Jahre später gehören Image und Selbstbezeichnung der »bitch« im US-amerikanischen Raum zum popfeministischen Standardrepertoire. Neben Rap-Stars wie Nicki Minaj oder Cardi B. self-empowern sich heute längst auch queere Rap-Acts wie Princess Nokia oder Pop-Sternchen wie Miley Cyrus als »bitch«. Und weil Misogynie und ihre zugehörigen Bezeichnungspraxen globale Phänomene sind, hat sich die HipHop-kulturelle Rückeroberungspraxis auch außerhalb der Staaten als Empowerment-Tool bewährt. Die serbokroatische Variante nennt sich beispielsweise »kuja« oder »kučka«. Natürlich hat die »bitch« auch in Deutschland ihre prominenten Vertreter:innen: Eine feministische Antwort auf das Berliner Label Aggro Berlin, das nicht nur den Siegeszug des Gangsta-Rap, sondern v. a. den wenig rühmlichen Einzug extremer Misogynie im hiesigen Rap zu verantworten hat. Als wichtige Pionierin gilt hier Lady Bitch Ray, die sich via Rap, aber auch im Rahmen von Sachbüchern bereits seit 2006 für die feministische Rückeroberung der »bitch« stark macht. Kritische Stimmen können in der Umkodierung des Begriffs übrigens auch hierzulande keine Überwindung der grundlegend misogynen Bezeichnungspraxis erkennen und sehen in dessen Adaption vielmehr eine Reproduktion binärer Geschlechterstereotype und patriarchaler Denkmuster. Tatsächlich ist fraglich, ob sich die HipHop-kulturelle Bedeutungserweiterung auch im deutschsprachigen Raum über die Szene hinaus durchsetzen kann. Im allgemeinen Sprachgebrauch ist die geschlechtsbezogene pejorative Bedeutung der »bitch« jedenfalls weitestgehend erhalten geblieben. Zumindest im Deutschrap hat die »bitch« innerhalb der letzten Jahre jedoch einen wahren Siegeszug angetreten! Mit der »Kurwa« von Schwesta Ewa (um 2012) oder der »Fotze« von Rap-Duo SXTN (ab 2016) haben sich zudem einige terminologische Varianten ausgebildet. Durch die starke Kommerzialisierung des Musikgenres ist die selbstbewusste, häufig sexpositive Weiblichkeitsperformance des Rap seit ca. 2019 schließlich endgültig im popkulturellen Mainstream angekommen, wo sie als »Boss Bitch« von millionenschweren Rapper:innen wie Shirin David oder Katja Krasavice verkörpert wird. Inwiefern der Ermächtigungsstrategie angesichts von Hyperweiblichkeit und marktförmigem Barbie-Image dabei überhaupt noch subversives Potenzial innewohnt, kann man sicher kritisch diskutieren. Fest steht, dass deren Erfolg und Sichtbarkeit einen enormen lebensweltlichen Impact auf junge Mädchen* und Frauen* hat, die sich dadurch in ihrer geschlechtlichen und sexuellen Identität bestärkt fühlen und auf diskriminierende Bezeichnungspraxen wie »bitch« heutzutage einen »Fick« geben – um es mal umgangssprachlich auszudrücken.

Heidi Süß

Bitterfeld [bítterféld]

Bitterfeld ist eine Stadt, die durch die Zusammenlegung mit Wolfen und die Eingemeindung mehrerer umliegender Gemeinden heute gerade einmal 39.284 Einwohner:innen zählt, 3.148 davon mit ausländischem Pass. Zur Bundestagswahl 2021 gaben 24,2 Prozent der Wähler:innen der AfD ihre Erststimme. Das liegt weit über dem bundesdeutschen Durchschnitt von 10,3 Prozent. 2023 wurde im Landkreis ein erster AfD-Politiker zum Bürgermeister gewählt. 1989 zählte der Landkreis mit 76.147 Bewohner:innen noch mehr als doppelt so viele Einwohner:innen. Nach der Wende sind viele weggezogen, die Daheimgebliebenen sind mittlerweile zum großen Teil verstorben.

»Früher war es zwar dreckig, aber es war wenigstens was los hier«, so die resümierende Aussage meiner Mutter auf einem gemeinsamen novemberlichen Wochenendtrip durch die Stadt ihrer Kindheit und Jugend. Wir beide haben die Stadt seit zehn Jahren nicht mehr besucht. Die Großeltern waren verstorben und es gab keinen Grund mehr, dort hinzufahren.

Bitterfeld ist ein Ort, den nicht viele kennen. Während ich in Berlin auf den Zug warte, werde ich gefragt, wohin die Reise geht. »Nach Bitterfeld«, meine Antwort. »Wo ist das denn?« Ich lache. »Es ist eine Stadt in der Nähe von Leipzig und Halle. Sogar der ICE hält dort. In nicht mal einer Stunde ist man da.« So nah. Aber warum zieht es heute kaum noch jemanden nach Bitterfeld? Warum wollen die meisten lieber in Großstädten wie Leipzig, Hamburg oder Berlin wohnen? Ist es nicht doch schön da? Hat sich nicht einiges getan?

Bitterfeld liegt inmitten des Bitterfelder Bergbaureviers, einem nach der Wende zu einer Naturlandschaft umgestalteten Naherholungsgebiet. Auf einer Gesamtfläche von mehr als 60 Quadratkilometern kann man durch eine einzigartig angelegte Seenlandschaft radeln und wandern, in einem Restaurant mit dem findigen Namen »Seensucht« gut angerichtete, schmackhafte regionale Speisen genießen, sich über den von 1839 bis 1993 genau an dieser Stelle anhaltenden Bergbau informieren. Bitterfeld war mal was. Die Industrialisierung schaffte Arbeitsplätze und Wachstum. In Bitterfeld wurden Bodenfliesen und Abwasserrohre hergestellt, die man heute noch in manchen Berliner Altbauten bewundern und nutzen kann. Es gab Tuchmacher, auch sportlich erfolgreiche Ballonfahrten. Nicht nur Braunkohle, sondern auch Bernsteine wurden abgebaut, Farben, Leichtmetalle, synthetische Kunstfasern, Filme u. a. m. produziert. Bitterfeld konnte was.

Einst war es die dreckigste Stadt Europas. Frisch gewaschene, nach draußen gehängte Wäsche war binnen Minuten grau, der gelbe Backstein der Häuserfassaden unter dem Industriedreck nicht mehr zu erkennen. Das »Bitterfeld-Syndrom«, ein Begriff zur Umschreibung umweltschädlicher Altlasten im Boden, die dazu führen, dass das Ökosystem seine Fähigkeit zur Selbstheilung nahezu vollkommen verliert, was dann auch für den Menschen gravierende Gesundheitsgefährdungen mit sich bringt, trägt nicht umsonst den Namen Bitterfeld, obwohl ähnliche Folgeschäden u. a. auch in Manchester, Kattowice oder manchen Regionen Brasiliens zu finden sind.

Mittlerweile hat die Stadt ihren Grauschleier verloren. Lufttechnisch ist sie eine der saubersten Städte Europas. Und trotzdem zeigt sich an jeder Ecke eine gewisse Trostlosigkeit: Neben frisch sanierten gelben Backsteinhäusern stehen verfallene. Aus ehemaligen Bäcker- und Metzgereigeschäften wurden bunt leuchtende und doch verlassen aussehende Casinos und Shisha-Bars. Noch zur DDR-Zeit wichtige Kombinate wie das Chemiekombinat Bitterfeld (CKB), das Fototechnische Kombinat (FCK), das Braunkohlenkombinat (BKK) oder das Rohrleitungskombinat (IKR) wurden nach der Wende privatisiert und relativ bald abgewickelt. Bewohner:innen schimpfen noch heute auf die Treuhand. Statt industrieller Restrukturierung wurden viele volkseigene Betriebe in Bitterfeld einfach in den Ruin befördert, Arbeiter:innen für immer entlassen.

Viele der Entwicklungen zeigen auch mehr als 30 Jahre nach der Wiedervereinigung Momente mangelnder strategischer Planung. Statt blühender Landschaften wurden mit der Gießkanne tröpfchenweise Rosen und Unkraut gewässert. Alles keppelt vor sich hin. Kein Wunder, dass sich viele Bewohner:innen nach ihren Volkseigenen Betrieben wie dem Elektrochemischen Kombinat Bitterfeld, der Farbfabrik Wolfen oder der Filmfabrik Wolfen mit dem Kassenschlager der Marke ORWO zurücksehnen – Kombinate, die Arbeiter:innen aus Halle und Leipzig anzogen. Damals hielten – so die Aussagen von manch Alteingesessenen – die Leute im tiefsten Dreck, im dunkelsten Dunst noch zusammen. Man war eine Gemeinschaft, in der niemand das Boot verließ, man füreinander einstand. Es war eine Zeit, in der der Staat den Segen von oben brachte: Man wusste, was man hat, wie man zu stehen, wie man zu gehen, wie man zu schlafen und wie man zu essen hat. Das war ein Bitterfeld. Heute findet man nur noch vereinzelt Personen auf dem Marktplatz. In der Abenddämmerung sitzen Jugendliche mit ihrer Boombox, aus der Deutschrap läuft, auf den Treppenstufen des Rathauses, ihnen gegenüber dröhnt Scooter aus einer noch größeren Boombox. BMX-radelnde Kinder cruisen über den sonst verlassenen Platz. Die liebevoll aufgestellte übermenschlich große Weihnachtspyramide wird von zwölfjährigen Halbstarken als Klettergerüst zweckentfremdet. In der Bitterfelder Lunge, der stadteigenen Parkanlage, schallt es auf dem frisch sanierten Spiel- und Sportplatz von allen Ecken. Grölende Jugendliche beschimpfen sich Alkopops und Energiedrinks schlürfend gegenseitig. Die Kultur ist tot. Der Anfang der 1950er-Jahre von Arbeiter:innen aufgebaute Kulturpalast ist, trotz Verkauf an einen privaten Investor, verrammelt und verriegelt. 1959 und 1964 erhielt er durch die Ausrufung des Bitterfelder Wegs Berühmtheit, der dem Schriftsteller Otto Gotsche, einem engen Vertrauten Ulbrichts zufolge, die »Geburtsstunde der Zirkel schreibender, malender, musizierender Arbeiter« einläutete und »die Kluft zwischen Kunst und Leben, Kulturschaffenden und Arbeitern« aufheben wollte. Zu DDR-Zeiten trat dort neben den Puhdys u. a. auch Udo Jürgens auf. »Gleich nach der Schicht [...] ging es zur Kultur: Filmen, Tanzen, Malen oder Musizieren, alles war hier möglich«, berichtete der MDR über frühere Zeiten. Heute sieht und hört man kaum noch Kultur. Das Leben findet vorwiegend in den eigenen vier Wänden statt. Vereinzelt begegnen einem Alte mit mechanischen oder elektrischen Rollatoren. Zigarettenqualmende Dreiergrüppchen stehen vor verschlossenen Türen. Das Fahrrad gilt als taugliches Fortbewegungsmittel, nicht, weil man ökologiebewusst ist, sondern weil man Zeit hat, viel Zeit … und wenig Geld.

Das alles ist keine Freudenstadt. Das boomende Bitterfeld von früher gibt es nicht mehr. Es ist eine tote Stadt, umgeben von Metropolen wie Halle und Leipzig, die den Absprung geschafft haben. In Bitterfeld hingegen fehlt es an Leben. Man speist aus der Vergangenheit. Die Gegenwart bläst Trübsinn.

Irene Leser

Bolle, der ['bɔlə]

Bolle gibt es nicht mehr. Genauso wenig wie das DeFaKa, Horten oder die Supermarktkette Kaiser's. Dafür wird Neues gebaut. Mittlerweile hat Berlin so viele Shoppingmalls, sei es die Mall of Berlin, das ALEXA, das Bikini, das Schloss oder das Schultheiss-Quartier. Einkaufen lässt sich prächtig in Berlin. Legen wir aber einmal das Portemonnaie weg, halten inne und denken zurück, wie einst Bolle die Berliner:innen glücklich machte.

1. Mai 1987: »Bolle brennt!« – Was für ein Start in die Festlichkeiten zum 750-jährigen Gründungsjahr der noch geteilten Stadt. Bambule auf den Straßen. Nachdem Unbekannte einen leeren Streifenwagen umgestürzt hatten und die Polizei versuchte, das Straßenfest aufzulösen, entlud sich die Spannung: »Steine flogen, brennende Barrikaden wurden errichtet, Geschäfte geplündert. Fast die ganze Nacht hindurch gab es Auseinandersetzungen in Kreuzberg, das zeitweise unter Kontrolle der Autonomen war. Die Bilanz der Krawallnacht: Hunderte Verletzte, rund 50 Festnahmen, Sachschäden in Millionenhöhe«, berichtet die Journalistin Mara Küpper. Der Höhepunkt der Ausschreitungen war der Brand des Bolle-Supermarktes an der Ecke der Skalitzer-, Wiener- und Manteuffelstraße. »Die Bilder der brennenden Ruinen wurden fortan regelrecht zu einem Sinnbild der Kreuzberger Mai-Krawalle.« Das jedoch ganz »zu Unrecht, wie sich einige Jahre später herausstellen sollte. 1990 gab die Polizei bekannt,

dass ein Gelegenheitsarbeiter lediglich die Gunst der Stunde genutzt hatte, um seinen zweifelhaften Neigungen [des Zündelns] Raum zu verschaffen«, wie der Stadthistoriker Lutz Röhrig schreibt. Und trotz der nachträglichen Richtigstellung ist es schwer, die auf 1987 folgenden regelmäßig stattfindenden Revolutionären 1.-Mai-Demonstrationen in Berlin nicht mit dem Brand des Supermarkts in Verbindung zu bringen.

Der Mythos Bolle lebt. Seither werden regelmäßig ein Tag vor dem 1. Mai in Kreuzberg und Neukölln die Schaufenster von Läden und Banken verbarrikadiert. Die Besitzer:innen haben Angst, dass ihr Haus als nächstes brennt oder zumindest die Fensterscheiben eingeschmissen werden. Dabei ist es seit den ersten »Myfesten« 2003 recht ruhig geworden. Es gibt kaum noch Krawalle, eher friedlich feiernde Anwohner:innen, Schaulustige und Tourist:innen, die sich rund ums Kottbusser Tor, die Oranienstraße und den Mariannenplatz treffen, um, beschützt durch zahlreiche böse dreinblickende Polizist:innen, bei Live-Musik und Performance-Kunst sich durch die Massen zu schieben. Am 1. Mai wird nicht mehr randaliert, wie noch in den legendären 1980ern und 1990ern. Da, wo einstmals der Bolle-Markt stand, steht heute eine Moschee, mit einem angeschlossenen Kindergarten, einer Schule, Hausaufgabenhilfe, Sozialberatungsräumen, einem Jugendclub, einer Buchhandlung, einer Boutique, einem Friseur, einem Reisebüro, einer Fleischerei, einer Bäckerei, einem Restaurant und sogar einem Beerdigungsinstitut. Hier wird fürs Leben der muslimischen Einwohner:innen Berlins gesorgt. Tourist:innen und Schulklassen können bei Interesse auf einen Besuch vorbeikommen, um sich vom Islamischen Verein für wohltätige Projekte überzeugen zu lassen. Bolle ist Geschichte und lebt doch im Verein weiter. Und damit ist nicht der Supermarkt gemeint, sondern der Namensgeber Carl Bolle, exakter Carl Andreas Julius Bolle. Er war ein wahrer christlich und sozial engagierter Selfmade-Man.

1832 in Milow (Landkreis Havelland) geboren, kommt Carl Bolle 1848 als Maurergeselle zum ersten Mal nach Berlin. In der Stadt hält ihn zunächst nicht viel. Wie es sich für seine Zunft gehört, geht er auf Wanderschaft, bereist Sachsen, Böhmen, Wien, Budapest u. a. m. Als er nach Berlin zurückkehrt, besucht er die Baugewerbeschule, lernt Stenografie und Zeichnen und liest religiöse Literatur. Beseelt durch eine Missionspredigt in Hohennauen beschließt er, Missionar zu werden. Wegen persönlicher und sachlicher Reibereien mit einem ihn ausbildenden Pastor verlässt er aber nach zwei Jahren das Missionshaus, arbeitet weiter als Maurer und legt in Eberswalde seine Maurermeisterprüfung ab. 1860 heiratet er seine Frau, kehrt erneut nach Berlin zurück und gründet ein Baugeschäft, um Mietshäuser zu bauen. Denn Berlin wächst. Hatte Berlin 1852 noch 511.000 Einwohner, werden 1861 Moabit, der Wedding, Tempelhof, Schöneberg, Spandau und weitere Vorstädte eingemeindet und die Einwohnerzahl steigt auf 613.000. 1871 wird Berlin die Hauptstadt des Deutschen Reiches. 1877 erreicht Berlin die Millionengrenze, 1905 die Zwei-Millionen-Grenze. Berlin braucht also Wohnungen. Ein paar der Einwohner kommen in den frisch gebauten Mietshäusern von Bolle unter, so auch im Lützowufer 31, in dem er selbst 25 Jahre wohnte. Da das von ihm bebaute

Gelände zur damaligen Zeit aber noch sehr frei im Feld lag, war es schwer, Mieter:innen zu finden. Bolle ist findig, engagiert eine Equipage, die die Mieter:innen morgens gegen neun zum Potsdamer Platz fährt und abends um neun wieder zurückbringt. Darüber hinaus legt er auf dem Gelände Speicher für Mehl und Schmalz an, baut Eiskeller und Pferdeställe, lässt Eis im nahen Landwehrkanal schlagen und verkauft es als Kühlungsmaterial an Berliner Haushalte und Unternehmen. Ab 1869 vertreibt er Seefisch auf Wochenmärkten in Berlin. Nach einigem Erfolg verliert er aber all sein Geld in der Großen Depression, muss neu gebaute Häuser abstoßen. Er gründet eine Baumschule bei Köpenick, in der er Obst- und Gemüseplantagen anlegt, Obstsäfte und -wein keltert und junge entlassene Strafgefangene beschäftigt. 1879, im Alter von 31 Jahren, gründet er seine Molkerei am Lützowufer 31 und schafft sich 30 Kühe an. Er beginnt damit, Milch an Berliner Haushalte zu liefern. Das Geschäft läuft. 1886 erwirbt er in Alt-Moabit ein neues Grundstück und lässt von dort aus seine Milch abfüllen. 1910, im Jahr seines Todes, verkaufen zahlreiche Bollejungs auf 270 Pferdefuhrwagen Milch, Margarine, Quark und Käse in der ganzen Stadt. Mit einer bimmelnden Glocke machen sie auf sich aufmerksam, sorgen für reichlich Umsatz und dafür, dass die Säuglingssterblichkeit dank der in pasteurisierten und plombierten Flaschen verkauften Kindermilch erheblich zurückgeht.

Bolle ist aber nicht nur ein gewinnträchtiger Unternehmer, nein, als »Vater Bolle« sorgt er für das Wohl seiner Arbeiter:innen. Er bietet ihnen in der betriebseigenen Kantine kostengünstiges Essen, lässt eine Kleinkindschule bauen, ermöglicht für die Kinder der Betriebsangehörigen Ferienreisen ins Grüne, gründet eine Betriebsbücherei, gibt den Bollejungen Unterricht im Schreiben und Singen, den Mädchen in Handarbeit, zahlt in die gesetzliche Krankenkasse und Unfallversicherung ein u. a. m. Aus Dank bleiben ihm fast alle Arbeiter:innen treu.

Die Supermarktkette, deren Kreuzberger Filiale am 1. Mai 1987 brannte, ging aus der von Carl Bolle gegründeten Meierei in Alt-Moabit hervor. Heute kann sie als Eventlocation für Tagungen, Hochzeits- und Geburtstagsfeiern u. a. m. gemietet werden. 1917 kaufte die Familie Werhahn die Molkerei und baute sie zum Lebensmittelgeschäft um. Nachdem das Geschäft ein glatter Erfolg war, expandierte Werhahn. Ab 1933 gab es zahlreiche Bolle-Läden, die an die Berliner allerlei Lebensmittel verkauften. Im Angebot waren nicht mehr nur Milchprodukte, sondern Waren des täglichen Bedarfs. Nach 60 Jahren Erfolgsgeschichte ging es ab den 1990er-Jahren mit Bolle bergab. Die Besitzer:innen wechselten. Erst firmierte Bolle unter Asko, dann Spar, später Extra und dann Tip. 2011 übernahm Rewe die Geschäfte und das lustige Bolle-Männchen mit der Glocke in der Hand verschwand aus dem Stadtbild Berlins.

Irene Leser

Bonze, der ['bɔnt͡sə]

Bonze ist ein populistischer Begriff. Er ist unscharf, unpräzise, taugt nicht zur konkreten Benennung. Man weiß nicht: Ist es ein Reicher, ein Kapitalist, ein Politiker, ein hoher Beamter? Geht es um ein Gefälle zwischen »denen da oben« und »denen da unten«, wobei »oben« meist ein paar mächtige, abgehobene, wohlhabende Leute sitzen, die es sich gutgehen lassen, und »unten« die große betrogene, kleingehaltene Masse?

»Die Bonzen da oben, die wissen doch ja nich, wie's dem echten Arbeeta jeht!« Wie oft habe ich solche Sprüche gehört, im Osten Berlins, wo ich aufwuchs. Irgendwelche Leute schimpften über die »Parteibonzen«, die in der abgeschotteten »Bonzensiedlung« Wandlitz in Saus und Braus lebten, ohne sich wirklich dafür zu interessieren, wie es der Bevölkerung gehe. In ihren dicken schwarzen »Bonzenschaukeln« fuhren sie zur Jagd in die Schorfheide. In ihren »Bonzenläden« bekamen sie Dinge, die das »normale Volk« nicht bekam.

Der Begriff Bonze wurde wahrscheinlich im Osten Berlins vom »Volksmund« häufiger genutzt als im Westen. Doch was ist ein Bonze? Wie sieht so einer aus? Die meisten kennen ihn vielleicht nur aus Geschichten wie *Jim Knopf und Lukas der Lokomotivführer* von Michael Ende. Dort gibt es im weit östlich liegenden Reich Mandala den Oberbonzen Pi Pa Po. Beschrieben wird er als dick, selbstverliebt, herrisch, machtgierig und neidisch. Er behandelt seine Untergebenen schlecht, spricht »Beamtenchinesisch«. In der Zeichentrickserie trägt er einen blau-roten Mantel und einen Turmhut.

Bei den Bonzen im Osten denkt man eher an graue und schwarze Anzüge und Hornbrillen. Kaum einer war da wirklich dick. Kaum einer hatte wirklich prägnante Eigenschaften. Es handelte sich um eine farblose, bürokratische Funktionärselite. Sie passte auch nicht in das historische Bild vom »fetten Bonzen«, wie es z. B. George Grosz, ein berühmter Künstler der Weimarer Republik, vor etwa hundert Jahren geprägt hatte. Auf seiner Lithografie *Bonzen beim Feiern* sieht man dicke Herren mit Schmissen, Zigarren und Specknacken. Sie saufen Champagner, betatschen halbnackte Frauen, übergeben sich. Ihre Orgie geht bis in den frühen Morgen, während im Hintergrund bereits ausgemergelte Arbeitergestalten in die Betriebe ziehen.

Auch heute hört man den Begriff noch ab und zu. »Was willst du bei den Bonzen?«, wird z. B. in einem Zeitungsbericht jemand gefragt, der zu einer Party »neureicher schnöseliger Banker« in Frankfurt am Main gehen will. Ein extravaganter Kindergeburtstag auf einer Luxusjacht wird als »Bonzen-Bubi-Party« bezeichnet. Im Internet gibt es eine ganze Video-Serie »Bonzen-Kids« und »Bonzen-Girls«. Hier geht es um besonders teure Outfits, die sich bei Weitem nicht alle leisten können. In Boulevard-Medien liest man auch Schlagzeilen wie: »EU-Bonzen gönnen sich neue Luxus-Limousinen«.

Der Begriff »Bonze« hat eine lange Geschichte. Ursprünglich stammt er vom japanischen Wort »bons« ab und wird für einen buddhistischen Mönch oder Priester verwendet.

Im 18. Jahrhundert wurde er in Deutschland als Schmähwort für bigotte Geistliche genutzt, die öffentlich Wasser predigen und heimlich Wein trinken. Andere Begriffe dafür lauten: Doppelmoral, Heuchelei, Pharisäertum.

Schon 1781 erschienen die Bonzen im Gedicht *Der Venuswagen* von Friedrich Schiller: »Die ihr in das Eis der Bonzenträne / Eures Herzens geile Flammen mummt, / Pharisäer mit der Janusmiene! / Tretet näher – und verstummt.« Der Begriff erhielt mehr und mehr weltliche Bedeutung und wurde im 19. Jahrhundert auf hochgestellte Personen und Staatsmänner angewendet. In der immer stärker werdenden Arbeiterbewegung schließlich verwandelte er sich um 1890 zu einem Spottwort für Gewerkschaftsführer und sozialdemokratische Arbeitervertreter, die zu Ämtern und Macht gelangten und dabei ihre Ideale verrieten. »Dieser Bezeichnung liegt gleichsam der Vorwurf zugrunde, die Führer seien verbürgerlicht, der Masse und ihren revolutionären Neigungen entfremdet«, schrieb der Autor Adolf Josef Storfer in seinem Buch *Wörter und ihre Schicksale*, 1935 in Berlin und Zürich erschienen.

In Berlin lag einst das Zentrum des »Arbeiterverrats« durch die Sozialdemokratie. »Einmal waren wir beide gleich. / Beide: Proleten im deutschen Kaiserreich. / Beide in derselben Luft, / beide in gleicher verschwitzter Kluft«, schrieb der Berliner Publizist und Satiriker Kurt Tucholsky 1923 in seinem Gedicht *An einen Bonzen*. Er schildert, wie der einstige »Genosse« mit seiner meisterhaften Wandlungsfähigkeit den Aufstieg nach oben geschafft und dabei die alten Gleichgesinnten vergessen habe. »Du rauchst nach Tisch die dicken Zigarren, / du lachst über Straßenhetzer und Narren. / Weißt nichts mehr von alten Kameraden, / wirst aber überall eingeladen. / Du zuckst die Achseln beim Hennessy / und vertrittst die deutsche Sozialdemokratie.« Ein erfolgreicher Roman von Hans Fallada heißt *Bauern, Bonzen und Bomben.*

Bonze – das war ein Schmähwort im Klassenkampf der Linken. Aber auch die Gegenseite nutzte ihn. Die Nazis sprachen vom Kampf gegen den »Korruptionsstaat«, die »Bonzokratie«. Als sie dann selbst an die Macht kamen, drehte sich das. Nun flüsterten die Leute hinter vorgehaltener Hand hämisch über »Nazibonzen«, über aufgeblasene »Goldfasane« in Uniform. Interne Kritikerinnen und Kritiker, die von einer »Verbonzung« der Partei sprachen, wurden mundtot gemacht. Der Bonze war ein Stammtischbegriff.

Er zog sogar ins Berlinische ein. Im *Berliner Wörterbuch* von Peter Schlobinski, erschienen 1993, liest man z. B. »Bonzenheber« für Fahrstuhl oder »Bonzenschleuder« als Begriff für den »Pkw Wolga aus sowjetischer Produktion«, mit dem höhere DDR-Funktionäre umherfuhren. Die höchsten allerdings saßen im Tschaika und später in einem Volvo, der ursprünglich für das schwedische Königshaus entwickelt worden war.

Der Bonzen-Begriff im Osten steht ganz in der Tradition des historischen Schmähworts für die »Arbeiterverräter« und »Volksverräter«. Bei der Benutzung des Worts ging es selten darum, ob jemand wirklich reich war oder nicht. Die »Bonzenschleudern« waren ja nicht das Eigentum der Funktionäre. Über die Größe und Ausstattung der Häuser in der »Bonzensiedlung« in Wandlitz, wo die Politbüromitglieder wohnten, hätte sich »jeder gut beschäftigte Handwerker, Kneipenwirt oder Filmschauspieler in der DDR nur totlachen« können, sagte einmal der Fernsehreporter Jan Carpentier, der im Herbst 1989 zum ersten Mal offen darüber berichtete.

Nein, allein schon, dass es eine vom Volk abgeschottete Waldsiedung in Wandlitz überhaupt gab, dass die DDR-Oberen über Jagdreviere verfügten, mit Westwaren versorgt wurden, regte die Leute auf. Im Bonzen-Begriff bündelten sich die Vorwürfe gegen die Herrschenden angesichts von Privilegien, Korruption und Abschottung – im Kontrast zum laut verkündeten Ideal, eine »neue, gerechtere« Welt schaffen zu wollen. Oft wurde der Begriff deshalb auch von der Bürgerbewegung benutzt. Noch heute liest man Schlagzeilen wie: »Das geheime Leben der DDR-Bonzen in Wandlitz«, »Urlaubsquartier der SED-Bonzen« und »Den Bonzen ging es allein um die Macht«.

Meines Erachtens gab es auch damals schon ein besseres Wort für die starren, von der Wirklichkeit abgeschotteten Herren (und auch Damen): »Betonköpfe«. Sie wollten nichts sehen und nichts ändern. Zugleich waren sie weit abgehoben von den Alltagsproblemen der meisten Leute. »Mit dem Gesicht zum Volke. Nicht mit den Füßen in 'ner Wolke«, beschrieb 1988 der Liedermacher Gerhard Schöne seine Vorstellung vom Regieren. Das gilt bis heute. Es betrifft übrigens die Regierenden zu allen Zeiten, in allen Systemen. Egal, welchen Begriff man dafür nutzt.

Torsten Harmsen

Boxen, das ['bɔksn̩]

Ob Muhammad Ali, Regina Halmich oder die *Rocky*-Filme. Mit dem Boxsport kann so ziemlich jede:r etwas assoziieren. Auch Berlin hat mit Gustav »Bubi« Scholz, Sven Ottke oder Oktay Urkal einige Koryphäen der berühmt-berüchtigten Sportart hervorgebracht. Bis heute sind sie Vorbilder für zahlreiche Boxer:innen dieser Stadt.

Der Boxsport ist eine der ältesten Sportarten überhaupt. Bis ins dritte Jahrtausend vor Christus lassen sich Abbildungen von Faustkämpfen und Kampfposen auf altägyptischen Gräbern und Tempeln zurückdatieren. Aber auch in anderen Kulturen, Regionen und Epochen findet man unterschiedliche Vorläufer des heutigen Boxens (v. a. im asiatischen, aber auch afrikanischen Raum). Besonders viele Überlieferungen gibt es aus der Zeit der griechisch-römischen Antike. Überspringen wir nun aber ein paar Jahrhunderte und Entwicklungsstufen und kommen in die Gegenwart.

Im 21. Jahrhundert ist Boxen – zumindest in der westlichen Welt – ein omnipräsenter Bestandteil des öffentlichen Lebens. Unwiderruflich haben sich seine Ikonen, historischen Siege, politischen Momente, Ästhetiken, Codes und Posen in die Populärkultur eingeschrieben. Damit teilt Boxen eine zentrale Gemeinsamkeit mit dem Fußball, die sich alltagsweltlich dahingehend Bahn bricht, dass so ziemlich jede:r etwas zum Thema zu sagen hat und das, obwohl sich die Allerwenigsten selbst in der jeweiligen Sportart betätigen oder jemals betätigt haben. Für Boxsport-Praktizierende kann das mitunter enervierend, tatsächlich aber auch recht amüsant sein. Die Darbietung dieses (vermeintlichen) Expert:innenwissens (die Gender-Schreibweise ist an dieser Stelle eigentlich unnötig) beschränkt sich nämlich selten auf die Ebene des Sprachlichen. Boxzitate oder -anspielungen haben in lebensweltlichen Kontexten fast immer eine körperliche Dimension. Viele ergehen sich dabei in gar abenteuerlichen Körperperformances, deren genauer Referenzpunkt fürwahr nicht immer klar erkennbar ist (Ali Shuffle oder doch silly walk á la Monty Python?). Im (Kneipen-)Gespräch mit dem einen oder anderen Sportsfreund lässt man sich da schon mal zu einer ersten informellen Typenbildung hinreißen (»Bruce Lee-Kids«, »Typ Kneipenschwinger« usw.). Werden wir aber wieder etwas seriöser und tauchen tiefer in die Materie des Boxens ein. Mit »Rumble-in-the-Jungle«-Zitaten oder (häufig sexistischen) Kommentaren zum »Halmich-vs.-Raab«-Duell ist der Boxsport schließlich nicht angemessen abgebildet.

Zwar ist der zweifelhafte Ruf des Sports zwischen Unterwelt, Rotlichtmilieu und organisierter Kriminalität auch heute nicht von der Hand zu weisen, trotzdem ist Boxen mehr als ein fünf mal fünf Meter großes Quadrat, in dem sich zwei Typen wie die Berserker brutal auf die Fresse hauen – mal ganz salopp gesprochen. Boxen ist ein sowohl athletisch, koordinativ als auch technisch höchst anspruchsvoller und überdies sozial einigermaßen komplexer Sport. Eine Erkenntnis, die der Wissenschaftscommunity spätestens seit Wacquants eindringlicher Sozialstudie *Leben für den Ring* aus dem Jahr 2001 bekannt sein dürfte.

Dem französischen Kollegen Loïc Wacquant ist unbedingt beizupflichten, wenn er schreibt, dass sich die »soziale Kunst« des Boxens wissenschaftlich nur dann adäquat erfassen lässt, wenn man persönlich in sie eintaucht. Gehen wir also gemeinsam ins Training, in die Halle, das Gym, den Keller, das Studio oder wie auch immer man den Ort kampfsportlerischen Übungshandelns nennen will. Es ist an dieser Stelle außerordentlich lohnenswert, sich – zumindest gedanklich – mit allen Sinnen ins Feld zu begeben. Die dampfend-schwüle Hitze, die einem beim Betreten solcher Räumlichkeiten entgegenströmt, die halbnackten Körper, die sich keuchend an Sandsäcken und Schlagpolstern vergehen, das peitschende Geräusch der Sprungseile und das Gemisch aus Schweiß, Fußkäse und schmerzlinderndem Muay-Thai-Öl, dessen beißender Eukalyptus-Geruch sich tief in die nassgeschwitzten Matten gräbt.

Ist die Hitzewand erst mal durchbrochen und die Aufwärmphase absolviert, so wird sich spätestens im Hauptteil des Trainings die Erkenntnis einstellen, dass man noch lange keine anständige Boxerin ist, wenn man die drei Grundschläge, einige Schlagkombinationen, die wichtigsten Verteidigungshandlungen und die boxspezifische Beinarbeit beherrscht. Abgesehen davon, dass allein dieses grundlegende Rüstzeug schon jeder Menge Ausdauer und regelmäßigen Trainings bedarf und es – ein gesundes Maß an Understatement vorausgesetzt – grundsätzlich immer unklar bleibt, ab wann man was eigentlich in welchem Ausmaß »beherrscht«, ist allein der »repetitive, nüchterne und asketische Charakter« in dem ein solches Training häufig vonstattengeht, wahrlich nicht jedermanns Sache, wie Wacquant richtigerweise schreibt. Mit eventisierten Sportereignissen wie dem *Sat 1 Promiboxen*, sexy Fitnessboxen à la McFit oder blutigem Rummelplatzboxen, bei dem gewichts- und niveautechnisch gänzlich ungleiche Partner aufeinander losgelassen werden, hat ein ordentliches Boxtraining nämlich eher wenig zu tun. Und so ward ein Großteil hochmotivierter Neu-Einsteiger nach spätestens vier Wochen »realem« Box-Training erfahrungsgemäß nie mehr gesehen (was so dramatisch auch nicht ist, da sich die meisten Sportvereine durch solche »Karteileichen« finanziell über Wasser halten).

Zurück ins Training: Neben dem Erlernen technischer, taktischer, konditioneller und koordinativer Fähigkeiten geht es beim Boxen in erster Linie (und im Optimalfall) darum, den »boxerischen Habitus« zu verinnerlichen und seine Ambivalenzen auszuhalten. Dazu gehört beispielsweise die Tatsache, dass die Individualsportart des Boxens grundsätzlich im Modus des Kollektiven erlernt und praktiziert wird, weswegen allem boxerischen Handeln die Prinzipien der Reziprozität und Relationalität zugrunde liegen (sollten). Insbesondere im Trainingskontext – wozu im Übrigen auch das Sparring zählt – ist das Anerkennen(-können) einer grundlegenden Angewiesenheit auf andere (Körper) zentral. Zu verstehen, dass die Person mir gegenüber nicht etwa mein Gegner, sondern vielmehr mein Partner ist, gehört zu den wohl wichtigsten Einsichten einer (guten) boxerischen Ausbildung. Die anderen »sind da, um *mir* zu helfen, wie auch ich da bin, um *ihnen* zu helfen«, schreibt auch Wacquant über die »soziale

Logik des Sparrings«. Bedeutet konkret: Wer größer/schwerer und/oder technisch überlegen ist, nutzt dies nicht etwa zu seinem Vorteil, sondern übt sich bewusst in Passivität, indem er das Gegenüber »arbeiten« (auch mal einen Treffer landen) lässt. Der kleinere/leichtere und/oder technisch unterlegene Part kann nach dieser Logik angstfrei ins »Arbeiten« kommen, sich ausprobieren und dazulernen (auch weil er mittels leichter Schläge bestimmt auf die ein oder andere »offene« Stelle aufmerksam gemacht wird usw.).

Um diese wenig kodifizierte Pädagogik mit ihren stillschweigenden Regeln der Zusammenarbeit zu verinnerlichen, gilt es sich von vielen stereotypen Vorstellungen des Boxsports zu verabschieden. Vor allem aber bedarf es beim Boxen eines hohen Maßes an Körperbewusstsein, -wissen und Empathie sowie einer gesunden Einschätzung der eigenen (boxerischen) Fähigkeiten. Gerade im männlich dominierten Raum eines Boxtrainings stellt das eine besondere Herausforderung dar. Die angezeigte Zurückhaltung und das Zulassenkönnen von Dominanz durch andere steht der ansozialisierten männlichen »libido dominandi« nämlich ebenso diametral gegenüber wie ein nüchterner Blick auf die eigenen Kompetenzen, wie Pierre Bourdieu es ausdrücken würde. Die Mentalität, dem Gegenüber eins »auswischen« zu wollen, ihm zu zeigen, »wo der Hammer hängt«, ist in der Realität (und dort selbst im Rahmen von Spielelementen!) jedenfalls relativ häufig anzutreffen und auch durch stoisches Wiederkäuen oben geschilderter Pädagogik kaum aus den Körpern zu bekommen. Wer sich für Männlichkeits- und Habitustheorien oder auch die Langlebigkeit des Patriarchats interessiert, dem sei der Besuch eines Boxtrainings deshalb dringend ans Herz gelegt.

Heidi Süß

Brandenburg ['bʁandn̩ˌbʊʁk]

Brandenburg ist der Speckgürtel von Berlin. Der geht mittlerweile bis zur Ostsee. Brandenburg ist Freizeit. Brandenburg ist ein Brückentag. Brandenburg ist, wenn Kinder von einem Steg eine Arschbombe ins Wasser machen. Brandenburg ist v. a. Wochenendwasser.

Brandenburg ist von Berlin aus gesehen ein Katzensprung. Brandenburg ist echt gut zu erreichen. Durch Brandenburg muss ich immer fahren, wenn ich nach Hamburg will. Brandenburg zieht sich.

Brandenburg ist nicht nur Kiefernwälder und Sand. Brandenburg hat auch andere Ecken. Brandenburg ist In-die-Pilze-gehen, im Oktober. Hab ich mal gesehen. Da standen einige Autos im Wald. Und ältere Leute streunten rum, mit Körbchen in der Hand.

Brandenburg kann man echt mal machen.

Brandenburg ist die Biokiste, die vor der Haustür steht. Drin sind Mangold, Kartoffeln, auch gerne Weißkohl. Brandenburg ist Apfelsaft für vier Euro im Biomarkt. Brandenburg ist die Region. Brandenburg heißt, von Berlin aus, kurze Wege. Brandenburg ist gut fürs Klima. Brandenburg ist Schulfreizeit, Yogahof. Es gibt da jetzt Seminare über die Wiederverzauberung der Welt.

In Brandenburg soll es noch echte Nazis geben. Auf jeden Fall viel AfD. Und nationalbefreite Zonen, aber ich kann da jetzt nicht genau sagen, wo. Jedenfalls gibt es wohl Menschen, die nicht nach Brandenburg fahren, aus Angst vor Brandenburg.

Gastronomisch hat Brandenburg aufgeholt die letzten Jahre. Es gibt da son zynisches Lied von 2005, in dem gesagt wird: »Nimm dir Essen mit, wir fahren nach Brandenburg«. Das entspricht längst nicht mehr der Realität. In jedem Dorf gibt es jetzt regionale Küche, mit Pfiff. Kann man sich gut reintun. Die ham sich echt Gedanken gemacht, in Brandenburg.

Brandenburg ist aus finanziellen Gründen interessant. Wenn man ein Häuschen hat, in Brandenburg, sollte man unbedingt sein Auto in Brandenburg anmelden. Ist günstiger, und mit UM-, PM- oder BAR-Kennzeichen kann man in Berlin fahren wie der letzte Berserker.

Der Friedrichstadt-Palast ist voll mit Reisebussen aus Brandenburg. Das hört man immer, wenn man vor der Vorstellung da langläuft.

Der Wim Wenders soll da wohnen. In Brandenburg wohnen doch jetzt alle.

Rainald Grebe

Brandenburger Tor, das ['bʁandəmˌbʊʁɡɐ toːɐ̯]

Das Brandenburger Tor ist wohl das berühmteste Wahrzeichen Berlins, ist es doch auf jedem in Deutschland geprägten 10-, 20- und 50-Cent-Stück zu sehen, gibt es kaum ein:e Tourist:in, die oder der beim Städtetrip nach Berlin kein Selfie von sich und dem berühmten Sandsteintor macht und es lässt sich in jedem Souvenirshop als Abziehbild, Postkarte oder Miniaturskulptur mit nach Hause nehmen.

Das Brandenburger Tor ist das wohl bekannteste Bauwerk Berlins. Es hat eigentlich keine weitere Funktion, dafür aber reichlich Symbolwert. In Auftrag gegeben hat es Friedrich Wilhelm II. Erbaut wurde es zwischen 1788 und 1791 nach Entwürfen von Carl Gotthard Langhans d. Ä. Zwei Jahre später wurde die von Johann Gottfried Schadow entworfene Quadriga auf das Brandenburger Tor gesetzt. Die Quadriga zeigt sich in Form eines zweirädrigen Streitwagens, auf dem die geflügelte Siegesgöttin Viktoria thront. In ihrer linken Hand hält sie die Zügel der vier sie ziehenden Pferde, in ihrer rechten seit 1814 einen von Karl Friedrich Schinkel entworfen Stab mit einem Eisernen Kreuz im Lorbeerkranz, auf dem der Reichsadler thront. Die Siegesgöttin im Streitwagen soll der Schwester von Friedrich Wilhelm II. nachempfunden sein. Und das hat auch seinen Grund, wie die Historikerin Zitha Pöthe-Elevi in ihrem Buch *Das Brandenburger Tor. Geschichte eines Berliner Urgesteins* ausarbeitete.

Denn Wilhelmine von Oranien, seit 1767 mit Prinz Wilhelm V. von Oranien, dem Erbstatthalter Amsterdams, verheiratet, war es, die mit ihrem Geschick, zumindest für eine gewisse Zeit, für die Wiederherstellung des Friedens in den Niederlanden sorgte. Und genau jener Frieden überwand die bis dato vorherrschende außenpolitische Isolierung Preußens. Aber wie kam es dazu?

Ende des 18. Jahrhunderts war die Republik der Sieben Vereinten Provinzen der Niederlande von großen innenpolitischen Spannungen geprägt. Der amerikanische Unabhängigkeitskrieg, an dem neben den Briten auch Frankreich, Spanien und die Niederlande beteiligt waren, das 1784 in Paris abgeschlossene Friedensabkommen zur Beendigung des vierten englisch-niederländischen Seekriegs, in dessen Zuge die indische Besitzung Nagapattinam der Niederländer an die Briten ging, u. a. m. führten zu einem wirtschaftlichen Niedergang und innenpolitischen Spannungen in den Niederlanden und brachte die sogenannten »Patriotten« hervor. Sie forderten im Sinne einer repräsentativen Demokratie die Einschränkung der monarchischen Vorrechte von Wilhelm V., der 1786 abgesetzt wurde. Es drohte ein offener Bürgerkrieg. Wilhelmine von Oranien übernahm seine Amtsgeschäfte, während Wilhelm V. nach Berlin reiste, um Friedrich Wilhelm II. um militärische Hilfe zu bitten. Zunächst wollte dieser nicht mitmischen, hatte er doch Angst vor zu großen Verlusten seiner eigenen Truppen. Als ihm seine Schwester aber schrieb, dass sie auf einer Reise von Patriotten inhaftiert und unwürdig behandelt worden sei (was real gar nicht der Fall war), führte das, wie auch das mittlerweile durchgesickerte Wissen darüber, dass das die Patriotten unterstützende Frankreich aufgrund des Unabhängigkeitskrieges viel zu klamme Kassen hatte, um einen Krieg zu gewinnen, zum Kurswechsel. Und so marschierten Truppen von Friedrich Wilhelm II. in die Niederlande ein, gleichzeitig wurde aber auch – nach vorherigen Konferenzen in Berlin, Versailles, London, den Haag und Wien – ein Friedensvertrag in Versailles ausgehandelt, so dass Willem V. in die Niederlande zurückkehren konnte. Preußen galt als großer Diplomat und Sieger. Und das musste gefeiert und verewigt werden. Das Brandenburger Tor wurde in Auftrag gegeben, oben auf Viktoria als Abbild der Schwester von Friedrich Wilhelm II.

Das Tor selbst wurde als Nachbildung der »Propyläen des Perikles« von Athen gestaltet. Denn Perikles wurde eine kluge Bündnispolitik zugeschrieben, er verkörperte Sieg und Frieden. Und so wollte auch Friedrich Wilhelm II. von der Nachwelt gesehen werden. Binnen kürzester Zeit stand das Tor als würdevoller Abschluss des prachtvollen Boulevards Unter den Linden auf dem Pariser Platz.

Mit seinen 20 Metern Höhe, seinen elf Metern Tiefe, seinen sechs dorischen Säulen, die die fünf Durchfahrten säumen, seinen 62 Metern Breite, ist es ein herrschaftliches Tor und oben auf sitzt mit Blick gen Osten über den Pariser Platz die Siegesgöttin, die aber zu Beginn nicht lange dort saß. Denn 1806 wurde die Quadriga mit dem Einmarsch der französischen Truppen nach Berlin von Napoleon nach Paris entführt. 1814 kam sie nach Berlin zurück. Nun wurde sie gen West ausgerichtet und Schinkel verpasste ihr das Eiserne Kreuz. Mehr als 130 Jahre konnte sie von dort aus über Berlin wachen. Im Zweiten Weltkrieg aber wurde sie, wie auch das Tor, zerstört und 1958 dann in Kooperation zwischen West- und Ost-Berlin wiederaufgebaut. Seither richtet sich der Blick der Viktoria wieder gen Ost.

Zwischen 1961 und 1989 wurde es dann aber recht einsam um sie. Die DDR-Führung ließ am 13. August 1961 den »Antifaschistischen Schutzwall« errichten. Ost-Berliner:innen und Bewohner:innen der DDR wurde der freie Übergang nach West-Berlin untersagt. Nach und nach wurde von der Staatsregierung um Viktoria herum eine »perfekte« Sperranlage errichtet. In der Zeit der Zweiteilung bekam Viktoria zwar manchmal recht berühmten Besuch, so besuchten sie Konrad Adenauer, John F. Kennedy, Michail Gorbatschow und auch Ronald Reagan, sie sahen sie aber nur von hinten und ob Viktoria den Besuch mitbekam, lässt sich nicht eindeutig sagen.

Eher wachte sie wohl am 6. Juni 1987 aus ihrem Dornröschenschlaf wieder auf. Denn da veranstaltete der RIAS2 nur wenige Meter von der Mauer entfernt am Reichstagsgebäude auf dem Platz der Republik ein fettes, dreitägiges Rockkonzert. Bowie, Eurythmics, Genesis und andere Größen traten auf. Und im Osten der Stadt versammelten sich Hunderte Jugendliche am Brandenburger Tor. Sie alle wollten Teil des Konzertes seien und schrien: »Die Mauer muss weg!« Die Volkspolizei ging mit Schlagstöcken gegen die Jugendlichen und Kamerateams von ARD und ZDF vor. Jene Ausschreitungen waren erste kleine Vorboten für den Fall der Berliner Mauer, der dann auch am 9. November 1989 endlich kam. Im Freudentaumel trafen sich in der Nacht vom 10. November zahlreiche Bewohner:innen aus West- und Ost-Berlin am Brandenburger Tor, mehrere kletterten auf die Mauerkrone, um in Umarmungen und mit Sekt ihre Wiedervereinigung zu begießen. Am 22. Dezember 1989 wurde das Brandenburger Tor wiedereröffnet. Die deutsche Frage war besiegelt. Aus Freude an der neu gewonnenen Freiheit war die Stimmung in der Silvesternacht 1989/90 außer Rand und Band. Raketen flogen. Einige Besucher:innen kletterten aufs Tor und beschädigten es. 2002 war es dann wieder vollständig restauriert. Und seit 1990 wird jedes Jahr am Brandenburger Tor der Jahreswechsel mit einem riesigen Musikfestival und einem bombastischen Höhenfeuerwerk gefeiert. Aber nicht nur zu Silvester wird gefeiert und demonstriert. Das Brandenburger Tor ist Austragungsort vielfältiger Veranstaltungen, sei es zur Sternfahrt, zum 1. Mai, zu Fußball-Weltmeisterschaften und vielem mehr.

Irene Leser

Bruder, der ['bʁuːdɐ]

Auf der Online-Plattform Fashionalarm kann man eine Tasse bestellen, auf der steht, dass der Begriff Bruder ein maskulines Substantiv ist, das [1] eine Person umschreibt, »die einen liebt, beschützt und gleichzeitig nerven kann, [2] Jemanden, auf den man sich immer verlassen kann, [3] [ein] Bester Freund fürs Leben« ist. Ein Bruder ist so etwas Ähnliches wie ein »Seelenverwandter, Vertrauter«. Anderen Lexika zufolge ist ein Bruder im übertragenen Sinne ein enger Freund und Gesinnungsgenosse, im religiösen Sinne ein Mönch und salopp oder auch abwertend gesprochen einfach ein Bursche oder eben ein Kerl.

Es ist mal wieder zu spät, um das Abendprogramm mit einem kleinen Snack vom Supermarkt zu versüßen. Also kaufen wir im Wedding im Späti ein. Die Kekse sind auf den Tresen gelegt, das Bier aus der Kühlung genommen und wie so oft wird mein Partner mit den Worten »Hallo Bruder« begrüßt. Ich bin immer wieder erstaunt. Auch ich werde manchmal freudig mit »Schönen Abend, Schwester« verabschiedet. Dabei bin ich mit dem Verkäufer doch gar verwandt.

Im Wedding scheint aber jeder mit jedem verschwägert. Hier treffen sich Brüder und Schwestern. Wir sind – schaut man ins Grimmsche Wörterbuch – Gesinnungsgenossen, liebende Brüder, einige Brüder, feindliche Brüder. Wir sind Blutbrüder, Herzbrüder, Wahlbrüder, Duzbrüder, Zechbrüder oder auch Klosterbrüder. Wir gehören einfach zusammen. Ganz klar, ist der Wedding doch ein altes Arbeiterviertel, in dem schon in den 1920er-Jahren das von Herrman Scherchen aus dem Russischen übersetzte Arbeiterlied *Brüder, zur Sonne, zur Freiheit* gesungen wurde und dank seiner mitreißenden Melodie und dem eingängigen Text zum Kampflied der kommunistischen und sozialistischen Parteien und Organisationen, aber eben auch von der nationalsozialistischen SA und später dann als Freiheits-, Gerechtigkeits- und Solidaritätslied auf den die Wende hervorrufenden Montagsdemonstrationen in Leipzig erklang.

Der Begriff des Bruders ist ein vielschichtiges Wort. Es ist nicht nur ein Verwandter männlichen Geschlechts. Es ist die Bezeichnung für einen engen Freund. Im weiteren Sinne sind wir alle Brüder, vereint im alles verbindenden Menschheitsgeschlecht. In Schillers *Ode an die Freude* hingegen werden wir erst noch zu Brüdern. Spätestens seitdem das Gedicht in der Vertonung von Ludwig van Beethoven 1972 vom Europarat zur offiziellen Hymne der Europäischen Union erklärt wurde, wird sie von mehreren Menschen immer wieder gesummt, von manchen Chören rauf und runter geträllert, steht sie doch in der Selbstbeschreibung der Europäischen Union für die europäischen Werte Freiheit, Frieden und Solidarität. Und doch wird bei offiziellen Anlässen der Text nie gesungen. Liegt es daran, dass es ursprünglich ein Trinklied war, eigentlich eine Freimaurer-Hymne ist oder in Zeiten des Nationalsozialismus zur Titanenmusik erhoben wurde? Man weiß es nicht. Vielleicht ist der Text in einer Union, in der es (aktuell) 24 Amts- und Arbeitssprachen gibt, ein doch zu deutscher Text. Zu verstehen ist die Hymne auch ohne Worte. Die bombastische Melodie trägt.

Und so lässt sich vielleicht auch die Ansprache des Späti-Verkäufers lesen, als Hoffnung. Der Nachbar, der Bruder. Der Nachbar, der Kumpel. Der Nachbar, der Buddy.

Das Wort Bruder stand im Jahr 2022 übrigens, neben anderen, zur Auswahl, Jugendwort des Jahres zu werden. Gewählt wurde letztendlich »smash«, was dafür steht, jemanden bzw. etwas gut zu finden oder mit jemandem etwas anzufangen.

Brüder, von manchen liebevoll auch »Bros« genannt, sind all jene, zu denen man eine Beziehung aufbauen möchte und sei es nur auf kurze Zeit. Meist wird das Wort aber unter Jugendlichen für gute Freunde verwendet. »Hey Bro«, »Komm schon, Bruder«, »Bruder, ich will dir was zeigen« höre ich häufig, wenn ich mit der U- oder S-Bahn durch die Stadt fahre und im selben Abteil mindestens zwei unter 30-Jährige sind. Der Bruder, egal ob nun im Sinne eines Verwandtschafts- oder Freundschaftsverhältnisses oder einfach nur als nett gemeinte Ansprache, gehört also zu meinem Alltag.

Ich selbst nenne Freunde aber nur im Witz Bro. Für mich bleibt mein leiblicher Bruder der Einzige, den ich so nenne und von dem ich als Bruder spreche. Er begleitet mich und mein Leben schon, seitdem ich auf der Welt bin. Und er ist und wird wohl der längste Begleiter meines Lebens sein. Als ich auf die Welt kam, war er schon da. In unserer Kindheit brachte er mir neben meinen Eltern sprechen, spielen, singen bei. Erst identifizierte ich mich mit ihm und dann fing es an, dass wir uns, waren wir alleine, neckten und kabbelten. Mit

14 stellte er mir seinen Freundeskreis vor und ich wurde Teil dessen. Von da an ließen die kleineren Eifersüchteleien oder Rivalitäten nach. Wir zogen gemeinsam mit den Freunden um die Häuser, begannen aber auch stärker unsere je eigenen Wege zu gehen, zogen aus. Heute führen wir – wieder passend für unser Alter und die unterschiedlichen Wohnorte – einen vom anderen unabhängigen Alltag.

Wir sehen uns nur selten. Und doch tauschen wir uns am Telefon, bei gegenseitigen Besuchen oder auf Familientreffen über unsere gemeinsam geteilte Vergangenheit und die je unterschiedlichen Erinnerungen daran aus, helfen uns, wenn Hilfe eingefordert wird. Spannend wird es werden, wenn unsere Eltern pflegebedürftig werden oder doch das Zeitliche segnen. Aber bis dahin ist wohl noch ein wenig Zeit, mein Bruder.

Irene Leser

B-Status, der [b'ʃta:tʊs]

Der B-Status bezeichnet einen sogenannten Integrations-Status von Kita-Kindern in Berlin, von dem kitafremde Personen oft noch nie etwas gehört haben. So klingt es auf jeden Fall im Büro, als ich zufällig auf das Thema zu sprechen komme. Als Erzieherin kenne ich den Begriff natürlich, weil er zur ganz alltäglichen Kitasprache dazugehört, aber bei jedem Erklärungsversuch fällt mir schnell auf, dass ich weder weiß, warum das so heißt, noch, ob das eine spezielle Kita-Sprache ist oder tatsächlich eine offizielle Bezeichnung. Allgemeine Assoziationen sind zunächst eher negativ konnotiert, kommen uns doch B-Ware, Plan B, oder B-Klasse als Erstes in den Sinn. Das B als Qualitätskategorie fällt eben immer etwas schlechter aus als das A.

Doch was hat es mit dem B-Status nun auf sich? Wie die meisten Suchen startet auch meine im Internet und führt mich auf die Seiten der Senatsverwaltung, durch die ich mich (schnell frustriert) durchklicke und vergebens den B-Status suche. Doch irgendwann werde ich auf der Seite des Bezirksamts Spandau fündig: Wenn Eltern einen Integrationsstatus für ihr Kind beantragen wollen, muss eine »Personenkreiszuordnung (Zuordnung zum §35a SGB VIII oder §53 SGB XII)« stattfinden. Da das zunächst ziemlich nichtssagend ist, suche ich mir die Paragrafen raus, um zu verstehen, welche Personenkreise denn gemeint sind: Paragraf 35a aus dem 8. Sozialgesetzbuch beschreibt die Eingliederungshilfen für Kinder und Jugendliche mit seelischen oder drohenden seelischen Behinderungen. Der Paragraf 53 aus dem 12. Sozialgesetzbuch wiederum bezieht sich auf Eingliederungshilfen für Menschen mit Behinderungen oder drohender Behinderung. Dort heißt es: »Personen, die durch eine Behinderung im Sinne von §2 Abs. 1 Satz 1 des Neunten Buches wesentlich in ihrer Fähigkeit, an der Gesellschaft teilzuhaben, eingeschränkt oder von einer solchen wesentlichen Behinderung bedroht sind, erhalten Leistungen der Eingliederungshilfe«. Ein weiterer Paragraf also. Gar nicht so leicht, eine Personenkreiszuordnung zu identifizieren. Der Vollständigkeit halber suche ich nun also auch noch im 9. Sozialgesetzbuch nach dem genannten Abschnitt. Das 9. Sozialgesetzbuch ist schnell im Internet gefunden und unter §2, Abs. 1 steht: »1) Menschen mit Behinderungen sind Menschen, die körperliche, seelische, geistige oder Sinnesbeeinträchtigungen haben, die sie in Wechselwirkung mit einstellungs- und umweltbedingten Barrieren an der gleichberechtigten Teilhabe an der Gesellschaft mit hoher Wahrscheinlichkeit länger als sechs Monate hindern können«. Die Definition der Personenkreiszuordnung bleibt äußerst schwammig.

Um die Sache zu vereinfachen, hat das Bezirksamt Spandau eine 74-seitige Handreichung zum »Verfahren zur Aufnahme und Betreuung von Kindern mit Behinderung in Kindertageseinrichtungen in Berlin« online gestellt. Hier lassen sich die schon gesichteten Sozialgesetzbücher in einer Aufzählung finden, zu der nun aber auch noch weitere Gesetzesgrundlagen und Sozialgesetzbücher hinzukommen: Sozialgesetzbuch IX: Rehabilitation und Teilhabe behinderter Menschen, Verordnung zur Früherkennung und Frühförderung behinderter und von Behinderung bedrohter Kinder, auf Grund des §30 Nr. 1 des SGB IX, SGB XII Sozialhilfe, 6. Kapitel: die Eingliederungshilfe für Menschen mit Behinderungen; das 7. Kapitel aus dem SGB XII: das Gesetz zur Förderung von Kindern in Tageseinrichtungen und Kindertagespflege, dazu die Kindertagesförderungsverordnung; die Rahmenvereinbarung über die Finanzierung und Leistungssicherstellung der Tageseinrichtungen; die Vereinbarung über die Qualitätsentwicklung in Berliner Kindertagesstätten; das Gesetz über den öffentlichen Gesundheitsdienst und die Rahmenvereinbarung zur sozialpädiatrischen Versorgung im Land Berlin, zugleich Landesrahmenempfehlung gemäß §2 der Frühförderungsverordnung zu §30 SGB IX. Also – zum Glück – eine sehr übersichtliche Gesetzeslage.

In der Handreichung werden nun aus der Personengruppenzuordnung nach §35a (SGB IIX) und §53 (SGB XII) Kinder mit »erhöhtem Förderungsbedarf« und Kinder mit einem »wesentlich erhöhten« Förderungsbedarf. Diese Bedarfe werden festgestellt, indem die Eltern (z. B. auf Anraten der Kindertagesstätte) ihre:n Kinderarzt bzw. -ärztin aufsuchen. Diese:r entscheidet dann darüber, ob er oder sie dem Kind eine Überweisung zu Sozialpädiatrischen Zentren ausstellt, wo die Eltern mit ihrem Kind zur Feststellung des Bedarfs vorstellig werden. All das ist in Schaubilder verarbeitet, so dass man »nur« den Pfeilen zwischen den Paragrafen folgen muss, um herauszufinden, was zu tun ist.

Den Pfeilen folgend komme ich als Nächstes auf die Internetseite des Berliner Sozialpädiatrischen Zentrums (SPZ).

Auch hier dauert es eine ganze Weile, bis ich Informationen gefunden habe. Um alles einfacher darzustellen, hat das SPZ eine 64-seitige Handreichung mit der Überschrift »Sozialpädiatrie und Frühförderung im Land Berlin« auf seiner Internetseite versteckt, in der zunächst die Gesetzeslage beschrieben wird, die ich Ihnen samt der Sozialgesetzbücher aber lieber ersparen möchte.

In der Handreichung des SPZ werden schließlich aus den Kindern mit erhöhtem oder wesentlich erhöhtem Förderungsbedarf Kinder mit einem A-Status und Kinder mit einem B-Status. Der Unterschied wird auch direkt finanziell beziffert: Mit einem A-Kind erhöht sich der Stundenanteil in der Kita um 0,25 Stunden, wodurch z. B. eine Teilzeitkraft mit 75 Prozent auf eine Vollzeitstelle hochgestuft werden könnte. Mit einem B-Kind erhöht sich der Stundenanteil um 0,5. Das entspricht einer Halbtagsstelle, die der Einrichtung zusätzlich zur Verfügung steht (in beiden Fällen natürlich nur, wenn die Kitas das Personal auch haben bzw. finden).

So erklären sich auch die komplizierte Gesetzeslage und die ausschweifenden Erklärungen zum Vorgang. Es geht um Geld, das der Senat den Kitas zuschießt, sollte ein Kind einem der Personenkreise zugeordnet werden. Ein Integrationsstatus hat also neben der persönlichen auch eine Kita-politische und finanzielle Bedeutung.

Da mich auch die soziale Bedeutung interessiert, lese ich mir am Ende meiner Internetrecherche noch einige Beiträge in Elternforen durch. Denn was die Gesetzeslage für das Kind und die Sorgeberechtigten *bedeutet*, bleibt mir noch immer unklar. Kein Wunder also, dass dies auch die Hauptfrage in

Elternforen ist. Es wird viel darüber diskutiert, wem genau der Status nutzt. Möchte die Kita das vielleicht nur wegen des Geldes? Wird man dazu gedrängt? Wer entscheidet schließlich darüber und was macht das mit dem Kind? Bekommt es dann auch die pädagogische Förderung im Kita-Alltag? Fragen über Fragen. Vor allem der finanzielle Vorteil für die Kita wird heiß diskutiert. Interessant, dass der Eindruck, mit dem Kind werde »Geld gemacht«, am ehesten hängenbleibt: »Ich mache mein Kind zu einem B-Kind, damit andere profitieren« könnte die verstandene Botschaft lauten. Kein Wunder bei den ganzen undurchsichtigen Gesetzen und Handreichungen. Entsprechend bleibt ein schaler Geschmack davon zurück, dass die Unterteilung von Kita-Kindern in Kinder ohne Status, mit A- oder B-Status in der Praxis das ist, was es ist: B-schämend.

Franziska Rasch

Bühne, die ['by:nə]

Berlin hat etwa 150 Theater und Bühnen, darunter drei Opernhäuser, verschiedene Ballhäuser, die BAR JEDER VERNUNFT oder das Berliner Ensemble. Auch auf den Straßen, in den Hinterhöfen, Parks und Häusern der Bundeshauptstadt finden tagtäglich unzählige Aufführungen all jener Geschichten statt, die das Leben schreibt. Und wir sind mittendrin – mal Spielende, mal Betrachtende, immer aber Teil des Geschehens auf der großen Bühne Berlin.

Bühnensituationen sind besondere Situationen. Wenn sich der Vorhang öffnet, dann eröffnet sich zugleich ein Spiel-Raum. Bühnen gelten sprichwörtlich als die Bretter, die die Welt bedeuten. Doch was verbirgt sich hinter dieser Idee? Für wen bedeuten sie die Welt? Für die Künstler:innen, die auf ihnen – durch die Blicke des Publikums gespiegelt – ihr Können darbieten und damit besondere Aufmerksamkeit für sich und ihre Rollen, für das, was sie auszudrücken und zu thematisieren haben, beanspruchen? Oder bedeuten sie die Welt für die Zuschauenden, die das Geschehen auf der Bühne als Parallelwelt im Kontrast, in Abgleich und Erweiterung zu ihren Alltagserfahrungen und Tagträumereien, ihren Sehnsüchten und Ängsten, ihren Gefühlen und Gedanken erleben, darin eintauchen und sich verlieren, aber auch wiederfinden können?

Bühnen bieten einen festen Boden, auf dem etwas dynamisch gedeihen kann. Das zumindest passt gut zur Begriffsetymologie, denn die »Bühne« hängt wortgeschichtlich tatsächlich eng mit dem »Boden« bzw. »Holzboden« zusammen. Interessanterweise ist die genaue Herkunft des Wortes allerdings unklar und bietet somit Raum für Geschichten, Spekulationen und wilde Fantasien – ganz so, wie der Bühnenraum selbst. Insofern ist das, was auf der Bühne Programm ist, zugleich auch dem Begriff verhaftet. Bühnen sind Präsentierteller und Ausstellungsflächen. Sie stellen vor, was vorstellbar werden soll. Passenderweise bezeichnen wir das dann auch als Vorstellung. Vorstellungen auf der Bühne sind keine bloßen Berichterstattungen. Sie sind be-deutsam, weil sie narrativ verdichtete Deutungsangebote darstellen. Insofern be-deuten Bühnen die Welt v. a. im Plural. Sie be-deuten Welten. Als interpretativ gestaltete Schau-Fenster in die unterschiedlichsten Begebenheiten sind sie mit diesen jedoch nie identisch, sind ihnen nur Leinwand und Projektionsfläche, bespielbare Tabula rasa, Gefäß und Glaskugel.

Was Georg Simmel in seiner *Philosophie des Geldes* einst über das Bargeld schrieb, kann auch die Bühne damit vollends für sich beanspruchen: Als Ort jenseits eines konkreten Geschehens ist sie, für sich genommen, charakterlos und kann genau deshalb so vieles, eigentlich alles, verkörpern. Sie kann Rummelplatz und Sandstrand, Himmel oder Hölle, Oase und Wüste, Supermarkt, Parkplatz, fremder Planet oder Küche sein. Lediglich ein paar Requisiten und eine entsprechende Performance der Agierenden sind nötig, um den ent-sprechenden Raum als temporäre Kulisse entstehen zu lassen. Bühnen be-deuten Welten, meint aber auch, dass diese auf ihnen im Als-ob-Modus erscheinen. Dem Bühnengeschehen – ob Schauspiel, Poetry-Slam, Ballett oder Konzert – haftet eine immersiv wirkende Ereignishaftigkeit für den Betrachtenden an, die uns damit konfrontiert, dass wir als Menschen Geschichten brauchen, um unser eigenes Leben besser zu verstehen.

Be-greifbar gemacht werden Vorstellungen zumeist szenisch, wenngleich die Szene den Plot nur gestalterisch portioniert und das Aufgenommene nicht automatisch auch verdaulich macht. Szenen begegnen uns damit nicht nur als (sub)kulturelle Sinn- und Stilgemeinschaften in Clubs, auf Conventions und zu cineastischen Events, sie gelten als zentrale Einheiten im dramaturgischen Bühnengeschehen, die mit spezifischen Darstellungsweisen von Erzählinhalten einhergehen. Die von ihnen ausstrahlende Faszination wird auch gern jenseits von Scheinwerferlicht und rotem Samtvorhang von emotional aufgeladenen Menschen für eine plötzliche Aufführung im Alltag bemüht. Wer jemandem eine Szene macht, drückt seine Gefühle theatral aus. Doch nicht nur an dieser Stelle rückt die Bühne plötzlich mitten hinein ins Alltagsgeschehen. »Wir alle spielen Theater« – folgt man den Ausführungen des Soziologen Erving Goffman in seinem gleichnamigen Buch – ganz egal, wo wir sind und was wir genau tun. Goffman unterstellt, dass wir permanent Rollen übernehmen. Ob an der Supermarktkasse, im Sportverein oder beim Vorstellungsgespräch – wir sind nie rollenlos, wenngleich uns das nicht davor schützt, hin und wieder auch mal völlig von der Rolle zu sein. Das Leben kann damit als eine fortlaufende Inszenierung, also In-Szene-Setzung und damit auch Selbst-Darstellung verstanden werden, die es durch überzeugende Handlungen inmitten eines passenden Settings analog zu einem gelungenen Bühnenbild mit stimmigen Requisiten und Mitakteur:innen ansprechend zu präsentieren gilt. Und wann lassen wir die Masken fallen? Gibt es überhaupt ein Jenseits von der Bühne oder machen wir uns am Ende alle ständig auch selbst etwas vor? Goffman differenziert die Bühnen des Alltagsgeschehens in »Vorderbühnen« und »Hinterbühnen«, die darauf aufmerksam machen sollen, dass es bei aller Darstellungspermanenz unterschiedliche Grade von Sichtbarkeiten gibt, mit denen wir spielen können. Während »Vorderbühnen« soziale Räume sind, die von unterschiedlichen, sich wechselseitig wahrnehmenden Akteursgruppen kollektiv geteilt werden, dienen »Hinterbühnen« dem Rückzug und der Kompensation von Grenzen der Darstellung auf der »Vorderbühne«. Wer sich nach einem gemeinsamen Auftritt backstage wiederbegegnet, teilt gewöhnlich auch Gedanken und Empfindungen miteinander, die vor den Kulissen nichts zu suchen haben. Das kann ein Gefühlsausbruch sein, der zurückgehalten wurde, um die Kommunikation professionell zu gestalten oder Verhaltensweisen betreffen, die das Selbst in einem Licht erscheinen lassen würden, welches der eigenen Darstellung abträglich wäre.

Was uns auf den Bühnen des Lebens antreibt, ist damit also die bestmögliche Entsprechung unseres vorgestellten Selbsts in den unterschiedlichsten Lebenslagen. Das Ego als Go sozusagen. Wir tragen die Masken situativer Rollen, in denen wir uns befinden, möglichst deckungsgleich vor unserem Gesicht, um es zu wahren. Das gelingt dann besonders gut, wenn wir um die gesellschaftlich akzeptierten Darstellungsmöglichkeiten wissen. Diese verbergen sich zumeist in solchen Ritualen, die das Miteinander strukturieren. Gesten der Zuneigung, darunter unterschiedliche Begrüßungsformen oder das Türaufhalten, Entschuldigungen oder Nachfragen sowie ein ausgewogenes Verhältnis von Nähe und Distanz gemäß der sozialen Verbundenheit mit anderen können hier als lohnendes Repertoire dienen, aus dem wir uns als Mensch unter Menschen entsprechend unserer Sozialisation tagtäglich automatisiert bedienen, wenn wir szenisch agieren. Goffman spricht analog zur Szene übrigens von »Rahmen« als strukturgebende Einheiten, aus denen zu fallen uns ins soziale Abseits katapultiert und damit auch von uns selbst entfernt, wenn man davon ausgeht, dass unser Selbstbild sich durch den Blick des Anderen auf uns sowie in unserem aktiven Austausch mit ihm dynamisch formiert.

So begleiten uns Bühnen durch das Leben. Oder umgekehrt: Das Leben begleitet uns auf Bühnen – solche, die uns andere vorstellen sowie jene, die wir selbst bespielen. Ihre Bretter können uns Halt geben, zu Zaungästen machen und zuweilen auch Holzweg sein. Bühnensituationen sind damit ganz und gar keine Ausnahmen, sondern die facettenreiche Regel im gesellschaftlichen Be-deuten von Selbst und Welt.

Sandra Maria Geschke

Bulette, die [:bu'lɛtə]

Buletten bestehen aus gemischtem Hack, vermengt mit Ei, einem trockenen, in Wasser eingeweichten Brötchen, Majoran, Zwiebeln, Senf, Pfeffer und Salz. Der Knusprigkeit wegen werden sie in Semmelbröseln gewälzt und dann von beiden Seiten scharf angebraten.

»Bulette oder Boulette. Wie wird sie eigentlich geschrieben? Mit oder ohne O?« »Ach egal. Hauptsache sie schmeckt!«

Die Bulette gehört zu Berlin, genauso wie die Currywurst oder der Döner. Man bekommt sie an jeder Ecke, sei es am Imbiss, beim Fleischer oder in der Stammkneipe. Erst neulich saß ich in Schöneberg in einer Eckkneipe, am hölzernen Tisch, vor holzvertäfelten Wänden, mit zahlreichen Fotos von Berliner Berühmtheiten. Zum Bier gab es eine Bulette mit Kartoffelsalat. Sie war saftig, gleichzeitig würzig und knusprig. Es war keine Frikadelle, wie ich sie in Hamburg essen würde, kein Faschiertes aus Wien, kein Fleischpflanzerl aus Bayern. Es war eine gewöhnliche Berliner Bulette: zum Reinbeißen, Dahinschmelzen und noch mal Bestellen. Der Schmaus war eine perfekte Grundlage für einen langen Abend bei Bier und gutem Gespräch.

Selbstverständlich hätte ich auch vorher einen Döner essen können. Bekanntlich wurde der in Berlin erfunden. Oder eine Currywurst, sei es von Konnopke oder Curry 36. Ich hätte auch auf meine Linie achten und Sushi bestellen, einen Salat oder eine Suppe genießen können. Aber nicht an diesem Abend. Ich wollte Fleisch, genauer gesagt Hackfleisch. Ich wollte kein T-Bone-Steak, keinen Lammbraten, kein Schnitzel. Ich wollte eine Bulette. Und diese Bulette ließ mich nacherleben, wie ich in Kindertagen manchmal vom Spielplatz nach Hause kam und es in der ganzen Wohnung nach frisch gebratenen Buletten roch. Der Biss in die Bulette erinnerte mich an meine langjährige Bulettenfreundschaft mit einem Kommilitonen, der zur gleichen Zeit wie ich nach Berlin kam und mit dem ich in der neu bezogenen Berliner Altbauwohnung mit Ofenheizung wöchentlich Speisen aus Hack zubereitete: kleine und große Buletten, mit oder ohne Käse gefüllt, Hackbraten, Käsesuppe und vieles mehr. Das war zu einer Zeit, zu der es noch ganz selbstverständlich mindestens zwei- bis dreimal die Woche Fleisch gab, anders als heute, wo ich nur auf Verlangen und mit der Hoffnung des Genusses, aber auch gleichzeitiger Fleischesscham in den gebratenen Hackepeter beiße. Aber manchmal überkommt mich einfach diese Lust nach Fleisch. Ich kann es nicht ändern, egal wie viele Ersatzprodukte ohne Fleisch der Markt mir liefert.

Und die Bulette stillt meinen Hunger. Sie ist ein knusprig gebackener Fleischkloß, keine Königsberger Klopse mit ekligen Kapern, keine Tote Oma (gebratene Grützwurst), die die Vergänglichkeit des Lebens auf den Teller bringt. Es ist die Erinnerung an meine Kindheit, Jugend und mein junges Erwachsenenalter. Es ist die sprachliche Vereinigung zwischen Thüringen, Sachsen-Anhalt und Berlin. Beim Bestellen muss ich meinen Sprachkodex nicht ändern. Die Bulette heißt Bulette, egal ob im Land der Bratwürste, des Sonntagsbratens mit Klößen oder im Land des Baumkuchens und Harzer Käses. Auch das manchmal gerne dazu getrunkene Radler bleibt ein Radler und muss nicht zum Alster werden.

Aber wo kommt der Begriff der Bulette eigentlich her?

Er stammt aus Frankreich, genauso wie so schöne Worte wie sich amüsieren oder auch blamieren. Anders als viele glauben, haben aber nicht die Hugenotten die Bulette, was so viel wie »Kügelchen« heißt, nach Berlin gebracht, sondern, wie Wikipedia verrät, die Napoleonischen Truppen, die die preußische Armee zerschlugen, Berlin zwischen 1806 und bis zur Völkerschlacht in Leipzig 1813 besetzten, als Allererstes die Quadriga vom Brandenburger Tor demontierten, nach Paris brachten und den altpreußischen Staat zusammenbrechen ließen. Aber sie nahmen nicht nur, sie gaben auch. Beim Einzug nach Berlin verkauften sie ihre Beute, Bier und Brandwein. Sie brachten die erste bürgerliche Selbstverwaltung nach Berlin, modernisierten das marode Staatswesen hin zur Monarchie und ermöglichten die Begründung der Berliner Universität (heute Humboldt-Universität zu Berlin). Und sie wussten wohl, wie man Berliner:innen kulinarisch mit Buletten beglückt. Dabei vertrauen die Berliner:innen aber nicht nur auf *ein* Rezept. Der Sender 88,8 radio Berlin hat 2018 gar 88 verschiedene Rezepte seiner Hörer:innen und bekannter Berliner Promis zusammengetragen und in einem Kochbuch veröffentlicht. In dem Buch werden neben den Rezepten auch die besten Buletten-Restaurants Berlins vorgestellt. Es wird die Erfolgsgeschichte der Bulette erzählt und erklärt, wie man zu Hause die perfekte Bulette brät.

Die Liebe der Berliner:innen zur Bulette ist groß. Sie geht sogar so weit, dass die Berliner:innen einem Flusspferd im Berliner Zoo den Namen Bulette gaben. Mit ihren 53 Jahren übertraf sie deutlich die Lebenserwartungen von Flusspferden in natürlicher Umgebung. Normalerweise werden Flusspferde »nur« etwa 30 bis 40 Jahre alt. In ihrem Älterwerden erlebte Bulette von ihrem Beckenrand aus gar vieles: Am 3. April 1953 in Leipzig geboren, wurde sie ca. ein Jahr nach ihrer Geburt an den Berliner Zoo abgegeben. Ihr Vater Knautschke war ein echter Berliner. Er war das einzige Großtier Berlins, das den Zweite Weltkrieg überlebte. Bulette gebar im Laufe ihres Lebens mehr als 20 Nachkommen, zum Teil von ihrem Vater Knautschke, zum Teil von ihrem Sohn Nante. Sie erlebte, wie 1955, im Osten der Stadt der Tierpark mit seinen eigenen Flusspferden eröffnet wurde, wie 1961 die Stadt durch den Bau der Berliner Mauer geteilt wurde. Sie erlebte 1967 die Studierendenproteste und den Anschlag auf Benno Ohnesorg, 1968 das Attentat auf Rudi Dutschke. Erzählt wurde ihr, wie in den Westen der Stadt immer mehr Wehrdienstverweigerer einzogen. In den 1970ern und 1980ern sah sie neben altangestammten West-Berliner:innen Neuzugezogene mit alternativen Lebensentwürfen, die nicht mehr das klassische Bild der Kernfamilie illustrierten, sondern als Hippies oder Punks Berlin zu einem bunten Ort der Vergemeinschaftung machten. Sie erlebte den Mauerfall 1989, das Zusammenwachsen der Stadt ab den 1990ern. Vorbei kamen Besucher:innen der Love Parade. Sie hörte, wie Klaus Wowereit in den 2000ern die Stadt für »arm, aber sexy« erklärte und vieles mehr. Bis zu ihrem Tod am 31. Dezember 2005 wurden ihr von ihren Pfleger:innen und den Besucher:innen so einige Geschichten angetragen, kleine Alltagsgeschichten und große Weltereignisse. Bulette verschmolz mit Berlin.

Und auch heute gehört Bulette noch zu Berlin, sei es in Erinnerung an das alt gewordene Flusspferd, als materialisierte Geschichte der Napoleonischen Eroberung oder einfach nur als köstlich gebratener Fleischkloß.

Irene Leser

Bundesrepublik, die ['bʊndəsʁepuˌbliːk]

Am 29. Mai 1949 gegründet und am 3. Oktober 1990 mit der Deutschen Demokratischen Republik wiedervereint, handelt es sich bei der Bundesrepublik Deutschland um die jüngste Erscheinungsform des am 1. Januar 1871 gegründeten Deutschen Kaiserreiches – dem ersten deutschen Nationalstaat.

Seit dem Einigungsvertrag vom 31. August 1990 ist Berlin (und nicht mehr Bonn) die Hauptstadt des wiedervereinten Deutschlands. 1999 wurde dann auch der Regierungs- und Parlamentssitz nach Berlin verlegt. Auf einer Fläche von mehr als 355.000 Quadratkilometern leben heute in der Bundesrepublik, mitten in Europa (mit insgesamt neun Staatsgrenzen), über 84 Millionen Einwohner:innen, was Deutschland (Landeskennzeichen: D, Telefonvorwahl: +49; ISO 3166: DE, DEU, 276) nach Russland nicht nur zum bevölkerungsreichsten Land Europas macht, sondern auch zu einem der am dichtesten besiedelten.

Klimatisch liegt Deutschland in der gemäßigten Klimazone, verfügt im Norden mit der Ostsee (der sogenannten Badewanne der Berliner:innen) und der Nordsee anteilig über ein Binnen- und ein Randmeer und mit den Alpen im Süden anteilig über ein Hochgebirge. Von der Braunkohle abgesehen arm an Bodenschätzen (dafür aber angeblich das »Land der Dichter und Denker«; von Karl Kraus (1874–1936) in »Volk der Richter und Henker« abgewandelt), ist die Bundesrepublik Deutschland, gemessen am Bruttoinlandsprodukt, die größte Volkswirtschaft Europas und die viertgrößte der Welt, was ihr im VN-Index der menschlichen Entwicklung (HDI) einen Platz unter den Top Ten (2021 Rang 9) beschert. Freilich verdeckt diese Lobhudelei den damit u. a. einhergehenden ökologischen Fußabdruck oder die Tatsache, dass die Bundesrepublik in anderen Indizes und internationalen Vergleichsstudien zum Teil deutlich schlechter abschneidet – so beispielsweise im World Happiness Report, mit Blick auf die sozial (un-)gerechte Verteilung von Einkommen und v. a. Vermögen oder im Hinblick darauf, dass der Bildungserfolg von Kindern und Jugendlichen hierzulande auch heute noch – mehr als 20 Jahre nach dem sogenannten PISA-Schock – insbesondere vom ökonomischen und kulturellen Kapital ihrer Eltern abhängig ist. Dass Zukunft Herkunft braucht, nimmt sich vor diesem Hintergrund mithin reichlich zynisch aus.

Als föderaler Bundesstaat setzt sich die Bundesrepublik Deutschland aus 16 Gliedstaaten zusammen. Diese Bundesländer, von denen die immer noch sogenannten neuen (Mecklenburg-Vorpommern, Brandenburg, Sachsen-Anhalt, Thüringen, Sachsen) aus den 14 Bezirken der ehemaligen DDR hervorgegangen sind (Ost-Berlin wird Teil des Landes Berlin) und die historisch teilweise deutlich älter sind als ihre westdeutschen Entsprechungen, verfügen zwar über keine völkerrechtliche, wohl aber über eine staatsrechtliche Souveränität, haben also beispielsweise in einigen Teilbereichen die Gesetzgebungskompetenz inne. Als die wichtigsten sogenannten Strukturprinzipien der Bundesrepublik leiten sich aus Artikel 20 des Grundgesetzes (GG) neben dem Bundesstaatsprinzip das Demokratie-, das Rechtsstaats- sowie das

Sozialstaatsprinzip ab, als weitere wichtige Prinzipien gelten das Republik- und das Laizitätsprinzip.

Wie viele andere Staaten der Welt kann auch die Bundesrepublik Deutschland mit einigen Besonderheiten aufwarten: Satellitenbilder des nächtlichen Berlins weisen z. B. nach wie vor auf die ehemalige deutsche Teilung hin. Der Westen erstrahlt in blauweißem Licht, der Osten in wärmerem Gelb. Das liegt daran, dass im Ostteil der Hauptstadt vermehrt Natriumdampflampen, im Westteil Berlins dagegen Quecksilberdampflampen und Leuchtstoffröhren die Dunkelheit erhellen.

Die ehemalige Hauptstadt Bonn trägt noch heute als bundesweit einzige Stadt den Titel »Bundesstadt«. Damit wird u. a. zum Ausdruck gebracht, dass trotz der Verlegung des Parlaments- und Regierungssitzes nach Berlin de facto noch immer von einer Art geteiltem Regierungssitz gesprochen werden kann. So haben neben der Deutschen Post und der Deutschen Telekom gleich mehrere Bundesministerien (u. a. BMVg, BMZ, BMBF), Bundesbehörden (u. a. THW, BNetzA, BfN) und Verfassungsorgane (Bundesrat, Bundespräsident) hier und nicht in Berlin ihren (Dienst-)Sitz oder zumindest eine Außenstelle. Freilich führt dies zu einer vermehrten Bürokratie und einer immensen finanziellen Belastung durch Gebäudemieten und/oder (Dienst-)Reisen, sodass die Tatsache, dass auch der Bundesrechnungshof seinen Sitz in Bonn hat, einer gewissen Ironie nicht entbehrt.

Apropos Geld: Zwar verfügt die Bundesrepublik Deutschland über ein eigenes Finanzdienstleistungsunternehmen (die Finanzagentur GmbH), eine Gesellschaft mit beschränkter

Haftung (GmbH) ist sie aber dennoch nicht, auch wenn einige Verschwörungstheoretiker:innen und Reichsbürger:innen dies unablässig behaupten. Gleichwohl stimmt: die BRD gibt es nicht, handelt es sich dabei doch lediglich um eine inoffizielle Abkürzung für die Bundesrepublik Deutschland, deren Verwendung in Schulbüchern 1978 durch die Ständige Konferenz der Kultusminister der Länder (KMK) verboten worden ist und die von Lehrer:innen – gedeckt durch die Berliner Schulverwaltung (West) – in Schüler:innenaufsätzen zum Thema »Deutschland« als Fehler markiert werden durfte. Von Hans-Karl Felbinger (CDU) seinerzeit als »kommunistische Agitationsformel« und von der Tageszeitung *Die Welt* als »DDR-Erfindung« mit dem Ziel der Zersetzung braver Bundesbürger:innen gebrandmarkt, hat die Gesellschaft für deutsche Sprache (GfdS) allerdings schon damals zweifelsfrei belegen können, dass bereits unter Konrad Adenauer »Bonner Bürokraten die Formel (BRD; Anm. MP) geschöpft haben«. Der Hintergrund dieses »semantischen Bürgerkrieges« mutet aus heutiger Sicht freilich fremd an, fällt er doch in die Zeit zweier deutscher Staaten, die sich selbst nicht als auf ein und derselben Stufe mit dem jeweils anderen verstanden wissen wollten, und amalgamiert sich in der sogenannten Berlin-Frage in besonders absurder Art und Weise. Während nämlich in der Bundesrepublik die Schreibweise »Berlin (West)« trotz Teilung auf die Einheit der Stadt hinweisen sollte, war in der ehemaligen DDR die Schreibweise »Berlin« nur für solche Kontexte vorbehalten, in denen – subtil eine ganze und eben nicht nur eine halbe Stadt andeutend – von der »Hauptstadt der DDR« die Rede war. Die Schreibweise »Westberlin« hingegen kam dann zur Anwendung, wenn auf eine »besondere politische Einheit« bzw. »die selbstst*ändige politische Einheit Westberlin*« hingewiesen werden sollte. – Zum Glück sind diese Zeiten vorbei!

Marc Partetzke

Bundestagsrede, die [ˈbʊndəsˌtaːksˈʁeːdə]

Wie nur wenige Gebäude in Berlin spiegelt der Reichstag die jüngere deutsche Geschichte wider. Seit seiner Eröffnung im Kaiserreich 1894 beherbergt er mit Unterbrechungen über die seitdem herrschenden Systeme hinweg die jeweiligen Parlamente. Seit dem Ende der Bonner Republik 1999 tagt der Deutsche Bundestag dort. Wie in Bonn werden die Sitzungen des Bundestages von den Reden, die im Plenum gehalten werden, geprägt.

»Die Redner sprechen grundsätzlich in freiem Vortrag. Sie können hierbei Aufzeichnungen benutzen«, lautet der Paragraf 33 der Geschäftsordnung des Deutschen Bundestages (»Die Rede«). Diese Regel wird nicht zwingend von allen Abgeordneten eingehalten. Dabei gilt im Bundestag wie bei den meisten Gelegenheiten: Spricht jemand frei, der es kann, ist es wirkungsvoller und unterhaltsamer als wenn sich jemand ans Blatt klammert. So schlimm wie bei Loriot ist es allerdings selten: »Ich kann den Standpunkt meiner politischen Überzeugung in wenige Worte zusammenfassen: Erstens das Selbstverständnis unter der Voraussetzung, zweitens und das ist es, was wir unseren Wählern schuldig sind, drittens, die konzentrierte Be-Inhaltung als Kernstück eines zukunftsweisenden Parteiprogramms«, heißt es 1972 in seinem Sketch »Die Bundestagsrede«. Tatsächlich wurden schon Texte im Bundestag vorgelesen, die ähnlich klangen; Floskeln und schiefe Metaphern sind keine Seltenheit. Trotzdem werden kaum Texte zu Gehör gebracht oder zu Protokoll gegeben, denen es dermaßen an Inhalt ermangelt.

»Das politische Sprechen und Zeichenhandeln prägt nachhaltig die politische Kultur einer Gesellschaft«, heißt es noch Mitte der 1990er-Jahre in einem der raren deutschsprachigen Werke zur Sprache des Parlaments. Der sehr viel spätere CDU-Parteivorsitzende Friedrich Merz gab nicht einmal zehn Jahre danach 2003 bei *Sabine Christiansen* als Gratulation zur 250. Ausgabe der Talk-Show zu Protokoll: »Diese Sendung bestimmt die politische Agenda in Deutschland mittlerweile mehr als der Bundestag«. Gewissermaßen arrondieren diese Zitate den Übergang von der Bonner zur Berliner Republik. Allerdings: Was vom Parlament ins damals noch lineare Fernsehen – ARD, sonntags 21.45 Uhr, immerhin ein alltagstauglicherer Termin als die unkalkulierbar langen Bundestagsdebatten – kippte, haben mittlerweile die sozialen Medien ergänzt, wenn nicht sogar übernommen.

Die meisten Reden, die im Bundestag gehalten werden, entstammen der Kategorie »Gebrauchsrhetorik«. Sie dienen der nüchternen Vermittlung von oft so komplexen wie für Laien ermüdenden Sachverhalten. Außerdem ist die Zeit begrenzt; meist sind es nur wenige Minuten. Redundanzen sind dabei unvermeidlich. Sich feuilletonistisch über solche Debatten zu erheben, fällt nicht schwer – ob es gerecht ist, bleibt dahingestellt. Indes: Ein ganzes Jahr lang auf der Zuschauertribüne allen Redebeiträge im Reichstag zu folgen, wie Roger Willemsen es 2013 tat, das muss man schon wirklich wollen.

Thematisch reicht das Feld von A wie Arbeitnehmerentsendegesetz bis Z wie Zuwanderungssteuerung, wobei die Themen Konjunkturen unterliegen – die beiden genannten Begriffe tauchten erst Mitte der 1990er-Jahre auf. *ZEIT ONLINE* hat in einem Online-Tool alle Bundestagreden bis 2019 einer grafischen Analyse zugänglich gemacht. Erkennbar wird, welche Themen wann debattiert und welche Begriffe verwendet wurden.

Für die zurückliegende Legislaturperiode, die ungewöhnlich redeintensiv war, weist die Statistik über 20.000 Reden in 239 Sitzungen, deren Protokolle 31.196 Seiten füllen, aus. Zum Vergleich: In der verkürzten 8. Wahlperiode zwischen 1980 und 1983 waren es lediglich 2.255, bei allerdings letztmalig nur drei Fraktionen im Bundestag. Der eifrigste Redner, Volker Ullrich (CSU), brachte es zwischen 2017 und 2021 auf 160 Beiträge – hätten alle 709 Abgeordneten zuzüglich der 41 Nachrücker gleich viel gesprochen, wären es pro Kopf nicht ganz 28 Reden gewesen.

Dabei bemisst sich der Einfluss und das Wirken eines Parlamentariers aber nicht an der Anzahl der Redebeiträge. Das längstgediente Mitglied des Deutschen Bundestags (MdB), Wolfgang Schäuble (CDU), beispielsweise hat in den ersten 50 Jahren seiner Zeit im Bundestag »nur« 402 Reden gehalten, was weit unter dem Wert der Spitzenredner liegt. Schäuble sorgte indes für einen der raren Beiträge, der eine Debatte »drehte« – die um den sogenannten Hauptstadtbeschluss im Juni 1991 zugunsten der Hauptstadt als künftigen Regierungssitz.

Reden bleiben selten in Erinnerung, schon gar nicht in Gänze. Das gilt selbst bei den gern als »Sternstunden des Parlaments« bezeichneten Grundsatzdebatten meist zu ethischen Themen, bei denen die Fraktionsdisziplin aufgehoben wird. Medial transportabel ist lediglich eine knappe Passage; die Kunst besteht darin, das knapp zu formulieren, was im amerikanischen Journalismus »the story in a nutshell« genannt wird. Joschka Fischer (Bündnis 90/Die Grünen) war meisterhaft in dieser Disziplin, er sprach – insbesondere in seiner Zeit als Oppositionspolitiker – meist frei, mit einigen Stichworten auf dem Zettel und die zwei, drei Sätze, die idealerweise in der Zusammenfassung der Debatte zitiert werden sollten, vorab ausformuliert.

So viel geredet wird im Bundestag, findet doch ein Großteil der Arbeit der Abgeordneten außerhalb des Plenums statt. Das erklärt, warum bei den Debatten die Reihen oft bloß spärlich besetzt sind. Die scheinbar mangelnde Präsenz bei den Debatten ist übrigens ein Thema, das bei den Bürgerbriefen an den Präsidenten des Bundestages legislaturperiodenübergreifend ganz weit oben rangiert. Dass über das Funktionieren und die Abläufe des politischen Geschäftes in der breiten Masse wenig bekannt ist, hilft der Verbreitung von Vorurteilen gegenüber Politik und Parlamentariern, bei letzteren nicht zuletzt mit Blick auf ihren Fleiß und Arbeitsbelastung. Hier gilt wie überall: Die schlechten Beispiele werden verallgemeinert.

Was oft vermisst wird, sind die scharfzüngigen Rhetoriker der Bonner Republik. Namen wie Franz Josef Strauß (CSU), Helmut Schmidt (SPD) oder Herbert Wehner (SPD) werden dann zuvorderst genannt. Letzterer war auch ein hochbegabter Zwischenrufer, oft erinnert ist seine Titulierung des CDU-MdB Jürgen Wohlrabe als »Übelkrähe«. Aber selbst in Berlin gab es noch herausragende Debattenredner wie Joschka Fischer oder Guido Westwelle (FDP). Was bei ihnen auffällt, und das ließe sich auch auf die rednerisch begabten Mitglieder der Bundesregierung übertragen, dass sie ihre besten Beiträge als Oppositionspolitiker ablieferten. Ministerämter engen rhetorisch ein, verlangen mehr Staatstragendes, dessen Ton gelegentlich im Pathos gerinnt.

Und was ist mit weiblichen Rednerinnen? Angela Merkel (CDU) stand im Ruf, keine sehr begabte Rednerin zu sein, wohl zu Recht, wobei sie sehr lustig sein konnte. Für Renate Künast (Bündnis 90/Die Grünen), die selbst zu den Viel-Rednerinnen im Deutschen Bundestag gehört, steckt die weibliche Redekunst noch »in den Kinderschuhen«. Immer noch müsse eine gute Rede »männlichen Kriterien entsprechen – in Duktus, Tonlage, Anmutung und Körpersprache«. Mal sehen, wie lange es dauert, bis sich das im Hohen Haus ändert. Dort hatte in der 19. Legislaturperiode das letzte – gesprochene – Wort übrigens eine Frau; Vizepräsidentin Petra Pau (Die Linke), die am 7. September 2021, dem 72. Jahrestag der allerersten Bundestagssitzung, die Reden der Legislaturperiode damit komplettierte, dass sie sagte: »Die Sitzung ist geschlossen«.

Knut Bergmann

Bunker, der ['bʊŋkɐ]

Bunker unterscheiden sich von Luftschutzräumen dadurch, dass sie zum Zeitpunkt ihrer Erbauung als bombensicher galten. Da die Stärken der Bombenkaliber sich im Verlauf des Zweiten Weltkriegs steigerten, mussten die Decken und Wände aus Stahlbeton immer wieder angepasst werden. 1944 war man in Berlin bei einer Regelstärke der Decken von 3,50 Metern angekommen, während zu Kriegsbeginn 1939 noch ein Meter als ausreichend galt.

Bei Bunkern in Berlin denkt man sogleich an den Führerbunker, den wohl berüchtigtsten und bekanntesten Bunker in der deutschen Hauptstadt. Diese Anlage hatte zumindest die dickste Decke, die je in Berlin gebaut wurde, mit einer nachweislichen Deckenstärke von 4,50 Metern, während es andere Großbunker wie die Flaktürme auf 3,60 Meter brachten. Selbst beim Fichtebunker kam man gerade einmal auf drei Meter, obwohl hier Tausende von Zivilist:innen während der Bombenangriffe auf die Reichshauptstadt Schutz vor den Bomben suchten – und überlebten. Der Führerbunker war nur für Hitler und einen kleinen Teil seiner Entourage gebaut worden und wurde im Dezember 1947 von sowjetischen Pionieren gesprengt. 1987/88 ist dann in Zusammenhang mit der Errichtung neuer Plattenbauten an der damaligen Otto-Grotewohl-Straße die Bunkerdecke durch Kleinstsprengungen zertrümmert und beseitigt worden. Die 3,50 Meter starken Außenwände nebst zwei Meter starker

Grundplatte stecken noch heute im Boden. Da einige selbst ernannte Stadtführer immer wieder mit etwas merkwürdig anmutenden Touren auf dem Areal an der heutigen Gertrud-Kolmar-Straße unterwegs waren, hat der Verein Berliner Unterwelten im Jahr 2006 an diesem Ort eine zweisprachige Schautafel mit den wichtigsten geschichtlichen Informationen installiert. Sie dürfte seitdem zu den meistbesuchten Infotafeln Berlins zählen.

In Berlin gab es einst sehr viel mehr Bunkeranlagen als heute allgemein bekannt, von denen jedoch nicht viel übrig geblieben ist. Von den rund tausend bombensicheren Schutzanlagen, die in der Zeit zwischen 1935 und 1945 in der damaligen Reichshauptstadt erbaut wurden, sind heute nur noch einige Dutzend erhalten – und es werden ständig weniger. Die meisten Schutzbauten wurden innerhalb von nur drei Jahren, zwischen 1940 und 1942, geschaffen. Im Rahmen des »Bunkerbauprogramms für die Reichshauptstadt« errichtete man unter großem Aufwand mehr als 400 genormte Bunker in allen Teilen der Stadt, darunter sechs Großbunker, die in alte Gasometer oder in bestehende Verkehrstunnel eingebaut wurden. Hinzu kam eine Vielzahl von Sonderbauprogrammen, darunter eines für die großen Flaktürme zur Luftverteidigung oder die Anlagen für »Mutter und Kind«. Besondere Anordnungen regelten den Bau spezieller Werkluftschutz- und Reichsbahnbunker sowie von »Sonderbauten« für die Prominenz, darunter wichtige Minister und Parteifunktionäre der NSDAP, Bunker für Botschaften und Konsulate oder auch Operationsbunker für Krankenhäuser. Hinzu kam die Verbunkerung in der Rüstungsindustrie im Rahmen des sogenannten Werkluftschutzes. Nicht zu vergessen wären hier noch Tausende von Einmann-Bunkern, auch Brandwachenstände genannt, die ebenfalls v. a. dem Werkluftschutz dienten.

Im Bunker hatte der Bunkerwart das Sagen. Das Bunkerpersonal wurde in speziellen Reichsluftschutzschulen ausgebildet. Die Berliner Reichsluftschutzschule befindet sich im Ortsteil Wannsee an der Straße Am Heckeshorn und ist noch vollständig erhalten. Der Bunker- oder Luftschutzwart hatte für seine Anlage mehr oder weniger polizeiliche Vollmachten. Er konnte sogar unliebsamen Nachbar:innen den Zutritt verwehren. Jüdische Menschen hatten in der Regel keinen Zugang, auch wenn es hierfür keine gesetzlichen Regelungen gab. Auch bei den Zwangsarbeiter:innen war dieses Deklassierungssystem ausgebildet. Während z. B. westeuropäische Zwangsarbeiter:innen Zugang zu den Bunkern hatten, war den sogenannten Ostarbeiter:innen, den Sklavenarbeiter:innen aus der Sowjetunion, der Zugang völlig untersagt, was dazu führte, dass bei dieser Gruppe die Verluste bei den Bombenangriffen besonders hoch ausfielen. Dennoch dürften die Bunkeranlagen Zehntausenden von Berliner:innen während der schweren Bombenangriffe 1943 bis 1945 das Leben gerettet haben. Es gab in Berlin mindestens 30.000 Luftkriegstote. Die genaue Zahl wird man nie ermitteln können. Ohne diese Schutzbauten hätte die Anzahl an zivilen Toten in jedem Fall sehr viel höher gelegen.

Nach Kriegsende wurde bis 1948 weit mehr als die Hälfte der Berliner Bunkeranlagen und Luftschutzstollen im Rahmen der Entmilitarisierung durch die Alliierten gesprengt.

In keiner anderen Stadt Deutschlands sind diese »Entfestigungsmaßnahmen« so rigoros durchgeführt worden. Die Ursache ist wohl darin zu suchen, dass sich gerade in Berlin die Alliierten gegenseitig besser überwachen und kontrollieren konnten als andernorts. Bei der Zivilbevölkerung stießen diese Bunkersprengungen auf völliges Unverständnis, waren die Bunker doch häufig die einzigen noch völlig intakten Bauten in den oft stark mitgenommenen Stadtvierteln. Hier fanden Flüchtlinge und Kälteopfer eine erste Bleibe oder eine sichere Unterkunft im Winter. Für die Beseitigung der Stahlbetongiganten waren Tonnen an Sprengstoff nötig. Die Druckwellen dieser Großsprengungen verursachten in der näheren Umgebung schwere Schäden, es wurden sogar Menschen von herumfliegenden Stahlbetonbrocken erschlagen. Es wundert also nicht, dass einige Berliner:innen recht schadenfroh reagierten, wenn den alliierten Pionieren die Sprengungen misslangen. Nach dem zweiten Sprengversuch am großen Zoobunker, bei dem 50 Tonnen Sprengstoff zum Einsatz kamen, pinselten in der darauffolgenden Nacht Berliner Jugendliche mit weißer Farbe »Made in Germany« an die Bunkerwand, sehr zur Schande des britischen Sprengtrupps. Der Flakturm im Humboldthain widerstand ebenfalls den ersten Sprengversuchen französischer Pioniere. Nach der zweiten erfolglosen Großsprengung kam das Kurzgedicht »Der Staub vajeht, die Sonne scheint, der Bunka fracht: War ick jemeint?« in Umlauf.

Die verbliebenen Bunkerruinen wurden im Westteil Berlins in den 1950er-Jahren im Rahmen von sogenannten Notstandsprogrammen weitgehend beseitigt. In Ost-Berlin zog sich die Beräumung noch bis weit in die 1960er-Jahre hinein. Mit der Verschärfung des Kalten Krieges und den nachfolgenden Berlin-Krisen bremste man jedoch auf beiden Seiten die Abbruchprogramme, da man die noch verwertbaren Bunker und Schutzräume im Ernstfall wieder für den Zivilschutz nutzen wollte. West-Berlin verfügte schließlich über 16 öffentliche Atomschutzbunker, in denen allerdings nur 25.224 Personen Platz gefunden hätten. Nach dem Ende des Kalten Krieges schien man auch die für den Zivilschutz reaktivierten Bunker nicht mehr zu benötigen. 2007 wurden alle Schutzanlagen aus der Zivilschutzbindung entlassen und entkernt.

Nur wenige Bunker stehen heute unter Denkmalschutz, darunter alle Anlagen, die der Verein Berliner Unterwelten betreut. Hier kann man auf geführten Touren sowohl die Geschichte des Zweiten Weltkriegs als auch des Kalten Krieges am authentischen Ort nachempfinden.

Dietmar Arnold

Bürgerbeteiligung, die ['bʏʁɡɐbəˌtaɪ̯lɪɡʊŋ]

Berlin war im Jahr 2021 Europäische Freiwilligenhauptstadt. Unter dem Hashtag #EntdeckeDasWirInDir wurde auf das besondere Engagement der Berliner:innen aufmerksam gemacht. Hätten Sie nicht auch Lust, sich als Bürger:in aktiv an der Gestaltung Berlins zu beteiligen? Der Berliner Senat lädt auf dem Portal »bürgeraktiv – das Engagementportal« dazu ein. Auf einer Plattform werden über 130 Projekte verschiedenster Themen gelistet. Engagieren kann man sich beispielsweise für Antidiskriminierung, in Arbeit & Wirtschaft, zum Thema Bauen & Wohnen, Bildung & Forschung, Kinder, Jugend & Familie, Finanzen, Gesundheit & Sport, Integration, Kultur & Freizeit, Nachbarschaft & Teilhabe, Stadtentwicklung, Umwelt & Grünflächen und beim Verkehr. Es ist (scheinbar) für jede:n was dabei.

Winfried Kretschmann, Gründungsmitglied der Grünen und Ministerpräsident von Baden-Württemberg, sagt über das Jahr 2022 in der Berliner Tageszeitung *taz*: »Der Staat ist nicht die Mutti« und moniert, »dass die Demokratie zu einem ›Lieferservice‹ zu werden droht«. Was will uns Kretschmann damit sagen? Na ja, Demokratie funktioniert nicht ohne die Beteiligung von Bürger:innen. Wir sollen also mitmachen an diesem großen Gemeinschaftsprojekt Gesellschaft.

Aber wie können wir mitmachen? Durch Bürgerbeteiligung. Das hört sich auf den ersten Blick gut an. Das Wort selbst ist aber etwas aus der Zeit gefallen: So werden einerseits nur männliche Individuen adressiert, schließlich werden nur Bürger, nicht aber Bürgerinnen angesprochen. Zudem kann man – folgt man Kretschmann – als Citoyen nur Bürger in Verbindung mit einem Nationalstaat sein. Warum sich also die Mühe geben, darüber zu schreiben? – Weil es trotz der Einschränkungen wichtig ist! Wollen wir also die elegante Einladung von Kretschmann und auch des Berliner Senats annehmen und darüberhinausgehend danach fragen, welche Möglichkeiten es gibt, sich an der Gesellschaft zu beteiligen.

Dabei soll es v. a. um eine spezielle Form der Bürger:innenbeteiligung gehen, der sogenannten Bürgerwissenschaft oder auch Citizen Science. In Zeiten multipler ökologischer Krisen und dem Erstarken rechtspopulistischer und verschwörungstheoretischer Strömungen, die auch vermehrt wissenschaftlichem Expert:innenwissen den Kampf ansagen, wird im Zusammenschluss politischer, zivilgesellschaftlicher und wissenschaftlicher Akteur:innen die (förder-)politische Einladung formuliert, sich an der gesellschaftlichen Wissensproduktion zu beteiligen. Grundsätzlich wird mit dem Wunsch der Beteiligung von Menschen, die nicht institutionell in die Strukturen der Wissenschaften eingebunden sind, die Hoffnung auf eine Demokratisierung und Öffnung der Wissenschaft verbunden. Durch die Beteiligung von Lai:innen soll den Expert:innen die alleinige Kontrolle über die gesellschaftliche Wissensproduktion entzogen und so die verkrusteten Strukturen der durchprofessionalisierten und ökonomisierten Elfenbeinturm-Wissenschaft aufgebrochen werden. Die politische und gesellschaftliche Forderung nach partizipativer und transdisziplinärer Forschung hat einen regelrechten

Boom in der Wissenschaftsforschung ausgelöst. Es werden bundesweit Sterne und Insekten gezählt, im eigenen Kleingarten Wetterstationen aufgestellt.

Wie Wissenschaftshistoriker:innen dargelegt haben, ist es aber noch nicht lange her, dass die Wissenschaft ohne Öffentlichkeit auskam oder auskommen musste. Bis in die 1970er-Jahre war die öffentliche Sicht auf die Wissenschaft mit Vertrauen und Fortschrittsglaube verbunden; Wissenschaft galt als Garant für Innovation und Wohlstand. Aktuell stehen wissenschaftliche Expertisen immer mehr zur (öffentlichen) Debatte. Das liegt einerseits in einem historisch gewachsenen Graben zwischen Wissenschaft und Öffentlichkeit, v. a. aber in den aktuellen gesellschaftlichen Herausforderungen begründet. Und so wird Citizen Science als neue Lösung präsentiert. Sie hat aber auch ein Problem.

Nutzen wir hierfür ein Beispiel: Im Sommer 2017 erlangte ein kleiner entomologischer Verein aus Krefeld im Westen Deutschlands internationale Berühmtheit. Die Ergebnisse der vom Verein für Insektenkunde zwischen 1989 und 2013 durchgeführten Erhebung der regionalen Insektendiversität waren plötzlich in allen Medien präsent: »Hat es sich bald ausgekrabbelt?« titelten die großen Medien- und Verlagshäuser. Dem kleinen Team aus Entomolog:innen ist der Nachweis einer dramatischen Entwicklung gelungen: Über den genannten Zeitraum hinweg überwachten sie die heimische Biodiversität anhand spezieller Netz-Vorrichtungen und zählten in regelmäßigen Abständen die Masse an Insekten. Das Ergebnis: der dramatische Rückgang der Biodiversität um 75 Prozent. Die kleine, wenn auch erschreckende Sensation, die den Krefelder Entomolog:innen mit ihren Ergebnissen gelungen ist, wurde u. a. in einer Sitzung des Umweltausschusses im Deutschen Bundestag diskutiert. Es gab schlicht keine wissenschaftliche Institution, die über einen derart langen Zeitraum Daten zur Biodiversität gesammelt hatte. Hiermit endet die Geschichte jedoch nicht: Die Studie löste teils heftige Abwehrreaktionen aus den Reihen der professionellen Wissenschaft aus und wurde v. a. aufgrund ihrer regionalen Begrenztheit kritisiert, da sich die Zahlen nicht landesweit übertragen ließen. In Berichten über die Studie wurden die Entomolog:innen als »Hobby-Forscher« bezeichnet und ihre Ergebnisse mit dem Verweis auf die fehlende wissenschaftliche Reliabilität als »laienhafte Liebhaberei« diskreditiert. Die Krux an dem Fall der Krefelder Studie ist, dass der mittlerweile mit dem Bundesverdienstkreuz ausgezeichnete Leiter des Vereins selbst über wissenschaftliche Expertise verfügt. Seine Dissertation verfasste der Biologe über Insekten.

Das Beispiel der Entomolog:innen ist insofern symptomatisch für die Diskussion um die Bürger:innenbeteiligung, da es die Frage aufwirft, wer sich in welcher Form an der Gesellschaft beteiligen darf und wer bestimmt, welche Form der Beteiligung erwünscht ist. An dieser Stelle kommen wir zurück zu Winfried Kretschmann: Er fordert in seinem Interview zwar die Beteiligung von Bürger:innen an der Gesellschaft, verurteilt aber im gleichen Atemzug die Proteste der Klimaaktivist:innen der Gruppe Letzte Generation als zu radikal. Wir sollen uns als Bürger:innen dieses Landes einerseits nicht ausruhen und uns »beliefern« lassen, aber wenn

Beteiligung, dann bitte nicht den Rahmen dessen sprengen, was die Politik als angenehm empfindet.

Was sagen diese Beispiele über den Zustand der viel beschworenen Bürger:innenbeteiligung aus? Grundsätzlich sind demokratische Institutionen träge und sozialer Wandel verläuft meist (zu) schleppend. In Anbetracht der Herausforderungen, die die multiplen Krisen der Gegenwart mit sich bringen, täten wir gut daran, die Motivation derer ernst zu nehmen, die aktiv an der Gesellschaft mitwirken wollen. Das Ideal des gemeinsamen Gestaltens, der Gewissheit Teil eines größeren Ganzen zu sein, der Erfahrung Strukturen beeinflussen und verändern zu können, stärkt demokratisches Bewusstsein und bildet die Grundlage eines funktionierenden Gemeinwesens. Die Auseinandersetzung darüber, welche Partizipationsformen als legitim angesehen werden und welche wiederum nicht, gehört genauso zu diesem Prozess wie die Bürger:innenbeteiligung selbst. Ob Citizen Science und die Letzte Generation genau die Partizipationsverfahren und -akteur:innen sind, die eine demokratische Gesellschaft bereichern, mag dahingestellt sein. Vielleicht aber müssen in Zukunft zunächst zeitgemäßere Beschreibungen gesellschaftlicher Partizipation gefunden werden, die ohne die Reproduktion von Geschlechterhierarchien, nationalstaatlichen Zugehörigkeiten und milieuspezifischen Diskriminierungen auskommen. Jeder Mensch sollte sich eingeladen fühlen, an der Gesellschaft zu partizipieren, und zwar ganz unabhängig von Geschlecht, Berufsbezeichnung oder Ausweispapieren.

Iris Hilbrich

Bürgermeister:in, die/der ['bʏrgəmai̯stərɪn/ 'bʏrgəmai̯stɐ]

Als Bürgermeister:in wird das (gewählte) Oberhaupt einer Kommune bezeichnet. Der Begriff leitet sich von dem im 13. Jahrhundert im Mittelhochdeutschen erstmals aktenkundig erwähnten Wort *burgermeister* ab, setzt sich also zusammen aus *burger*, für »Bürger« und *meister*, für »Meister«. Die insoweit ausschließlich männliche Bezeichnung ist konsequent, wurde das Frauenwahlrecht doch (in Preußen mit dem allgemeinen und gleichen Wahlrecht) erst in der Novemberrevolution 1918 durchgesetzt.

Eines vorneweg: Der Begriff im hier erläuterten Sinne hat nichts zu tun mit der phonetisch zum Verwechseln ähnlich klingenden Namen einer Schnellimbiss-Kette aus Berlin mit dem Slogan: »Wenn du die beste Qualität willst, nimm die Sache selbst in die Hand«. Denn bei der Bestellung von Bürgermeister:innen geht es doch um das genaue Gegenteil: die Sache aus der Hand zu geben.

Bereits im Mittelalter wurden in Berlin Ratsleute und Bürgermeister bestellt. Letztere wurden zunächst *Schulze*, alsbald *Altermann* [sic!] genannt. Schulzes und Altermänner waren Obrigkeiten. Die breite Masse hingegen war von der Ausübung politischer Macht ausgeschlossen. Auf Grundlage der Stadtverfassung von 1253 wechselten Rat und Stadtoberhaupt jährlich. Praktisch entstand dadurch, dass der jeweils amtierende den nachfolgenden Rat wählte, die Übung alternierender »Umschichtung« des Amtspersonals. Man wählte sich jeweils immer wieder und blieb damit regelmäßig lebenslang im Amt, v. a. aber »unter sich« – zumal auch die jeweils »pausierenden« Räte und Bürgermeister an wichtigen Entscheidungen beteiligt waren. Die Verwendung der Bezeichnung »Bürgermeister« in Berlin ist 1331 erstmals urkundlich belegt.

Diese städtische Patronage hatte sich allerdings über die folgenden Jahrhunderte mit der landesherrlichen Feudalhoheit auseinanderzusetzen. In Gestalt des Kurfürsten Friedrich II. unterwarf diese im »Berliner Unwillen« von 1448 die patrizische Aufmüpfigkeit und legte mit Schlossbau und Machtanspruch über die städtischen Geschicke die Grundlage der Entwicklung Berlins als Hohenzollernresidenz und Hauptstadt.

Aus Bürger:innen wurden Untertan:innen. Wohl und Wehe der Stadt bestimmte nun maßgebend der Landesherr. Berlin wuchs im Resonanzraum brandenburgisch-preußischer Politik, forciert im Gefolge des Dreißigjährigen Krieges und mit dem Aufstieg Preußens zur europäischen Großmacht. An die Stelle des Patriziats trat sukzessive die Honoratiorenherrschaft. Das Stadtoberhaupt wurde eingesetzt durch Kurfürsten oder Könige, hieß je nach politischer Lage (militärischer) Stadtkommandant, Gouverneur oder Stadtpräsident (i. E. Polizeidirektor), während beim Rat bzw. Magistrat nur rudimentäre Aufgaben verblieben. Die Stadtverwaltung war nun Behörde, getragen durch ein mit den Kaufleuten verflochtenes Beamtentum.

Bis zur Etablierung der kommunalen Selbstverwaltung durch die Steinsche Städteordnung 1808 hatten Rat und Bürgermeister in Berlin nicht viel zu melden. Auch danach – von der Märzrevolution 1848 über die Reichsgründung 1871, die Novemberrevolution 1918, die NS-Zeit 1933 bis 1945, den Wiederaufbau und die Teilung der Stadt und schließlich den Mauerbau 1961, die Friedliche Revolution 1989 und die Vereinigung mit Verlegung von Parlaments- und Regierungssitz nach Berlin bis in die Gegenwart – wurden und werden die Geschicke der Stadt im Guten wie im Schlechten im Spannungsfeld zwischen den Interessen der städtischen Bevölkerung und hauptstädtischer (Welt-)Politik, aber auch im Spannungsfeld zwischen bürgerschaftlicher Ohnmacht und Aufsässigkeit bestimmt.

Wohl auch deshalb: Bürgermeister schrieben sich mitunter als Subjekte oder Objekte rebellischer Unternehmungen in unsere Stadtgeschichte ein. Zu denken sei beispielsweise an den ehemaligen Storkower Bürgermeister Heinrich Ludwig Tschech. In Erinnerung geblieben ist er mit seinem missglückten Attentat auf König Friedrich Wilhelm IV., das ihn in Umkehr der ursprünglichen Zielrichtung letztlich selbst den Kopf kostete. Eines der »beiden besten Volkslieder seit dem 16. Jahrhundert« (Friedrich Engels) legt davon Zeugnis ab (»Ja, er traf die Landesmutter / durch den Rock ins Unterfutter« und »Hatte je ein Mensch so'n Pech / wie der Bürgermeister Tschech / daß er diesen dicken Mann / auf zwei Schritt nicht treffen kann?«). Oder denken Sie an den Köpenicker Bürgermeister Dr. Langerhans, der im dortigen Rathaus 1906 vom in betrügerischer Absicht als Gardehauptmann verkleideten Schuster Wilhelm Voigt gelegentlich der Requirierung des Kassenbarbestandes »im Namen Seiner Majestät« temporär arrestiert worden ist. Wobei Kaiser Wilhelm II. anders als beim Tschech im Falle Voigt nach zwei Jahren Strafverbüßung im Knast ausgesprochen wohlwollend Gnade vor Recht ergehen ließ.

Bis heute, und sei es der Straßenschilder wegen, sind erinnerte (Regierende oder Ober-)Bürgermeister: Heinrich Wilhelm Krausnick, die Brüder Arthur und James Hobrecht, Gustav Böß, Friedrich Ebert jr., Ernst Reuter, Willy Brandt, Richard von Weizsäcker, Walter Momper und Klaus Wowereit.

Frauen standen bislang erst zweimal an der Stadtspitze, jeweils in einem Interregnum. Mit Louise Schröder wurde infolge der Spannungen zwischen den alliierten Besatzungsmächten von 1947 bis 1948 eine pragmatische und profilierte Sozialpolitikerin als kommissarische Oberbürgermeisterin eingesetzt. Die auch formal erste Frau im Amt des Stadtoberhaupts war von Dezember 2021 bis April 2023 Franziska Giffey. Nach dem maßgeblich SPD-verantworteten Wahl-Desaster 2021 und der anschließenden Wiederholungswahl zog die SPD die Juniorpartnerschaft der CDU einem ebenso möglichen progressiven Bündnis unter eigener Führung vor. Das Amt ging damit für den Rest der Wahlperiode an die CDU, deren Spitzenkandidat mit einer rassistisch konnotierten Wahlkampagne gepunktet hatte.

Der:die Bürgermeister:in soll die Stadt repräsentieren. Aber wie soll man Berlin repräsentieren? Gar nicht so einfach. Noch kniffliger: Wie soll man Berlin regieren? Eine

Stadt, die eigentlich gar nicht *eine* ist, sondern ein Agglomerat – ein je nach Sichtweise herrlich vielfältiges oder schrecklich verwirrendes Kuddelmuddel von Hochhaussiedlungen, Gründerzeitvierteln und dörflichen Strukturen, das durch das Groß-Berlin-Gesetz vom 1. Oktober 1920, raumgreifend nach Brandenburg hineinragt, aus acht Städten, 59 Gemeinden und 27 Gutsbezirken zusammengefügt ist, damals aus 20, 1990 dann aus 23 und heute aus zwölf Bezirken besteht. Dieses Berlin ist kaum zu vergleichen mit einem Bitterfeld oder Bochum. Es gibt nicht nur *neun* Bahnhofstraßen und *sieben* Kastanienalleen, sondern gleich auch 15 Bürgermeister:innen, davon zwölf an der Spitze der Bezirksverwaltungen und drei an der Spitze des Senats: ein:e Regierende:r Bürgermeister:in und zwei Bürgermeister:innen als deren Stellvertretung.

Und wer wird eigentlich repräsentiert bzw. regiert? Wer darf mitbestimmen bei der Kür von Parlament, Senat und Bürgermeister:innen, von Bezirksverordnetenversammlungen und Bezirksämtern? In Berlin leben Menschen aus ungefähr 190 Nationen (es wäre verwegen, behaupten zu wollen, man würde die genaue Zahl zu einem gegebenen Zeitpunkt kennen). Zugewanderte haben Berlin über die Jahrhunderte ganz entscheidend geprägt. Sie haben das mit erzeugt, was unsere Stadt so besonders und anziehend macht. Aber noch immer dürfen 24,1 Prozent der volljährigen Berliner:innen nicht über die Abgeordnetenhauswahl mitentscheiden, wer Regierende:r Bürgermeister:in wird, egal wie lange und in wievielter Generation sie schon hier leben. Und das nur, weil sie keine Deutschen im Sinne von Art. 116 Grundgesetz sind. Wer nicht EU-Bürger:in ist, darf nicht einmal auf der Bezirksebene wählen. Aus dieser Perspektive sind all diese Menschen also keine Berliner Bürger:innen. Ist das gerecht? Und ist das wirklich demokratisch?

Klaus Lederer

BVG, die [beːfaʊ̯ˈgeː]

Die BVG ist auch bekannt als Berliner Verkehrsbetriebe. Doch woher kommt das G? Das Akronym steht für Berliner Verkehrs-Aktien-Gesellschaft, einer 1928 aus drei Verkehrsunternehmen zusammengeschlossenen und am ersten Januar 1929 in Betrieb genommenen Transportmöglichkeit für alle Berliner:innen, ganz nach dem Motto: Verkehr für alle und aus einer Hand. Neben Straßenbahn, dem damals öffentlichen Hauptverkehrsmittel, und Omnibus war die Hochbahn, später U-Bahn, das dritte Glied im Bunde.

Die U-Bahn hat (wie die BVG) viele Geschichten erlebt, große, weltpolitische, die Geschichte prägende wie den Zweiten Weltkrieg, die Teilung Berlins und die Wiedervereinigung. Die U-Bahn ist aber auch Zeitzeugin kleiner, täglicher und nicht alltäglicher Geschichten, Geschichten in der Geschichte, um die es hier gehen soll.

»Zurückbleiben« schallt es vom Bahnhof, langsam schieben sich die Türen zusammen und der Zug fährt los. Ich sitze mit meiner Schulkameradin auf dem Bahnhof, ein Zug nach dem anderen fährt ein und wieder aus, ohne uns. Es ist ein Ritual nach der Schule, mindestens noch eine halbe Stunde auf dem U-Bahnhof sitzend sich zu unterhalten und hin und wieder eine Currybulette oder etwas Süßes vom Kiosk im U-Bahnhof zu essen. Der U-Bahnhof: eine Auszeit zwischen Schule und elterlicher Wohnung, eine anonyme Welt, die es erlaubt, in der eigenen Welt zu verweilen, inmitten der vielen anderen. Jugendliche Weisheiten, Beobachtungen, Erlebnisse in der Schule, auf dem Bahnhof, im Leben und in den Gedanken werden ausgetauscht, die Menschen auf dem Bahnsteig beobachtend kommentiert: »Oft reden die Menschen zu viel und vergessen das Handeln. Statt zu diskutieren, wohin, sollten sie einsteigen und losfahren« – jugendliche Blitzweisheiten eben.

»Zurückbleiben«, schallt es vom Bahnhof, langsam schieben sich die Türen zusammen und der Zug fährt los. An jeder Station schaue ich aus dem Fenster – zu manchen Zeiten, v. a. wenn es voll ist, setze ich mich erst gar nicht, sondern bleibe an der Tür stehen –, mustere die auf den einfahrenden Zug Wartenden, sehe keine Uniformen und kann beruhigt weiterfahren. Nächster Bahnhof, nächster Blick nach draußen, weiter, nächster Bahnhof, mein Blick bleibt an den Zeilen meines Buches haften, weiter. »Fahrkartenkontrolle«, ich blicke auf, sehe den Kontrolleur in seiner Uniform und gestehe »Ich habe keinen Fahrschein«. Aussteigen, ausweisen, den ausgefüllten Schein für das erhöhte Beförderungsentgelt in der Hand warte ich auf den nächsten Zug, einsteigen, weiterfahren. Einen Fahrschein habe ich ja jetzt, wie der Kontrolleur auf meine Nachfrage bestätigte, für ein Vielfaches des normalen Fahrtarifs. In den 1970er-Jahren war das eine Art von Rebellion, gegen die großen Konzerne, gegen die Kapitalisten, die Bonzen, die hohen Fahrscheinpreise, »der Spaß ist zu teuer, von mir kriegste nüscht«, wie Ton Steine Scherben 1972 sangen. Gesammelt wurden die Bußgeldbescheide im Hauptgebäude der BVG, damals Potsdamer Straße, in der »Schwarzfahrer-Kartei«. Und irgendwann musste man das

Bußgeld bezahlen, sonst wurden härtere Maßnahmen ergriffen, schließlich war und ist Schwarzfahren eine Straftat, ein Erschleichen von Leistungen nach Paragraf 265a Strafgesetzbuch. Und so wundert es nicht, dass manche wegen Schwarzfahren auch hinter Gitter kamen. Andere dagegen hatten Glück und Aufforderungen für mehrere erhöhte Entgeltbescheide wurden nie zugestellt, möglicherweise eine Folge des Brandanschlages 1977 auf die Schwarzfahrer-Kartei.

»Zurückbleiben« schallt es vom Bahnhof. Langsam schieben sich die Türen zusammen und der Zug fährt los. Es ist halb fünf morgens, draußen ist es noch dunkel, hier auf dem Bahnhof gleißend hell, ein Schock nach dem gedämpften Licht im hinteren Teil des Dschungels, der legendären Disco in der Nürnberger Straße, die in den 1970er- und v. a. 1980er-Jahren nicht nur meine Freunde und ich, sondern auch David Bowie, Nick Cave, Salomé, Jürgen Vogel, Zazie de Paris und viele mehr besuchten. Ich schaue mich im Abteil um, nicht aus dem Fenster, sondern in neonhelle Gesichter, viele versteckt hinter Zeitungen: *BZ*, *Morgenpost*, *Tagesspiegel* – die Gerade-Aufgestandenen. Die anderen – die Bald-Schlafengehenden – sind noch ins Grau der Nacht gehüllt, bewegte Körper auf der Tanzfläche ziehen vor ihrem inneren Auge vorbei, Depeche Mode und andere Klänge lassen das Hörzentrum nachschwingen. Zwei Welten treffen in der Bahn aufeinander, zwei Sinnbilder: die angepasste gesellschaftskonforme Welt und die Nacht-zum-Tag-machende Welt. Sie betrachten sich skeptisch: da die Spießer, hier die Unangepassten. Müde sehen (um die Zeit) beide aus und wären da nicht die unterschiedlichen Styles und Accessoires, wie die

Zeitungen, die eine zwar nicht immer, aber meist zutreffende Zuordnung erlauben, würde man keinen wirklichen Unterschied erkennen. Wozu auch, sind es doch alles Menschen, die von A nach B wollen, und die BVG macht es möglich, am Tag, in der Nacht oder in der Dämmerung.

»Zurückbleiben« schallt aus den Lautsprechern, langsam schieben sich die Türen zusammen und der Zug fährt los. Mist, ich habe den Einstieg verpasst. Der nächste Zug kommt erst in zehn Minuten. Ich setze mich auf eine Bank, werde von jemanden um eine kleine Spende gebeten, schaue ihn an und schüttele durch ein fast lautloses »Nein« begleitet den Kopf. Fast schon im Weggehen dreht er sich noch einmal um und sagt »Danke«. Ein leicht schlechtes Gewissen ploppt in mir auf und fast gleichzeitig meine innere Verteidigung mir selbst gegenüber: *Ich kann nicht immer etwas geben, so viel habe ich auch nicht.* Zu ihm sage ich: »Wieso danke?« »Dass du mich nicht ignoriert hast.« Das ist das wohl am meisten zu beobachtende Verhalten: Den Bettler, die Bettlerin zu ignorieren, denn Menschen, die betteln, sind ja keine Menschen, jedenfalls nicht so wie du und ich, sie sind ja Bettler:innen, Obdachlose, Personen, die nerven und die eigene Ruhe stören, vielleicht auch ein bisschen an meinen wohlstandsgenährten Gedanken knabbern, diese ins Wanken bringen könnten. Daher werden sie von den meisten lieber nicht beachtet. »Danke, dass du mich nicht ignoriert hast.« *Dass du mich angeschaut hast, dass du mir geantwortet hast und nicht wie Nichts behandelt hast,* denke ich. Wir unterhalten uns ein wenig, mein Zug fährt ein. Ich muss weiter.

»Zurückbleiben« schallt es nicht mehr aus den Lautsprechern. Ein rotes, blinkendes Warnlicht an den U-Bahntüren und ein Signalton kündigen die Abfahrt des Zuges an. Langsam schieben sich die Türen zusammen und der Zug fährt los. Zugabfertiger:innen auf den U-Bahnhöfen gibt es seit Ende der 1990er-Jahre nicht mehr, nur noch Zugführer:innen in den Zügen und die sollen auch bald wegfallen, diskutiert man zumindest, probiert man in Nürnberg z. B. Die Aufgaben der Zugabfertiger:innen wurden verteilt: Die Fahrer:innen übernahmen die wörtliche Aufgabe und haben über Spiegel das Ein- und Aussteigen im Blick; für die Sicherheit, die die Zugabfertiger:innen in ihrem Dienstraum auf dem Bahnhof ebenfalls im Blick hatten, sind nun Sicherheitskräfte zuständig. Wenn sie denn im entscheidenden Moment vor Ort sind. Das ist leider nicht immer so und eine Schattenseite der U-Bahnhöfe, Treppen herabgestoßene, auf Gleise geschubste, angezündete Menschen. Aber das ist nicht die Schattenseite der U-Bahn, auch nicht der BVG, das ist die menschliche Schattenseite.

Rubina Vock

Beitragende

Arnold, Dietmar, geb. 1964, ist Autor populärwissenschaftlicher Berlin-Bücher. Als Mitbegründer des Vereins Berliner Unterwelten e.V. beschäftigt er sich seit mehreren Jahrzehnten mit unterirdischen Anlagen in Berlin.

Benz, Frank, geb. 1966, war an verschieden Theatern als Schauspieler engagiert, arbeitet heute vorwiegend als Theaterpädagoge, schreibt Drehbücher und führt Regie.

Bergmann, Knut, Dr., geb. 1972, studierte Politikwissenschaft, Psychologie und Öffentliches Recht an der Universität Bonn. Seit 2012 leitet er das Hauptstadtbüro und die Kommunikationsabteilung des Instituts der deutschen Wirtschaft (IW) und lehrt Politikwissenschaften an der Universität Bonn.

Brämer, Martin, geb. 1986, Studium für das Lehramt an Grundschulen, Wissenschaftlicher Mitarbeiter an der Humboldt-Universität zu Berlin (Institut für Erziehungswissenschaften) mit den Forschungsschwerpunkten Kultur des Digitalen, Materialität und Körperlichkeit sowie Lehrkräftebildung.

Bodenschatz, Harald, Prof. em. Dr., geb. 1946, Sozialwissenschaftler und Stadtplaner, 1995 bis 2011 Universitätsprofessor für Planungs- und Architektursoziologie an der TU

Berlin, jetzt assoziierter Professor des Center for Metropolitan Studies der TU Berlin und Mitglied des Bauhaus-Instituts für Geschichte und Theorie der Architektur und der Planung an der Bauhaus-Universität Weimar.

Engel, Ole, Dr., geb. 1984, Postdoc am Institut für Erziehungswissenschaften der Humboldt-Universität zu Berlin mit den Forschungsschwerpunkten Migrationsforschung und Digitalisierung, Hochschulforschung.

Geschke, Sandra Maria, Dr. phil., geb. 1982, lehrt und forscht als Wissenschaftlerin an der Schnittstelle zwischen Bildungs-, Sozial- und Kulturwissenschaften zu den Möglichkeiten aktiver Gesellschaftsgestaltung, narrativer (Stadt-) Raumschaffung und objektbasierten Wirkungsästhetiken sowie kunstbasierter Wissenschaftskommunikation.

Grebe, Rainald, geb. 1971, deutscher Liedermacher, Schauspieler, Kabarettist, Regisseur und Autor.

Harmsen, Torsten, geb. 1961, arbeitet seit 1988 als Redakteur in der *Berliner Zeitung*, zuletzt im Feuilleton und im Wissenschaftsressort. In seinen regelmäßig erscheinenden Glossen betrachtet er die Hauptstadt aus der Sicht eines Ur-Berliners.

Hilbrich, Iris, M.A., geb. 1988, Studium der Soziologie und Amerikanistik in Erlangen und Wien; Wissenschaftliche Mitarbeiterin in der Kollegforschungsgruppe »Zukünfte der

Nachhaltigkeit« an der Universität Hamburg mit den Forschungsschwerpunkten Wissenschaft, Technik, Nachhaltigkeit und Partizipation.

Holm, Andrej, Dr., geb. 1970, Sozialwissenschaftler an der Humboldt-Universität zu Berlin mit den Forschungsschwerpunkten Stadtentwicklung und Wohnungspolitik.

Lederer, Klaus, Dr., geb. 1974, Rechtsanwalt und Mitglied des Abgeordnetenhauses von Berlin, war von Dezember 2016 bis April 2023 Mitglied des Senats und Bürgermeister von Berlin.

Leser, Irene, Dr., geb. 1981, Erziehungswissenschaftlerin an der Humboldt-Universität zu Berlin mit den Forschungsschwerpunkten Bild- und Bildungsforschung, Kindheitsforschung, qualitative Methoden und performative Sozialforschung.

Mayer, Tanja, Dr., geb. 1985, hat Soziologie studiert und arbeitet seit 2012 an der Humboldt-Universität zu Berlin am Institut für Erziehungswissenschaften mit den Forschungsschwerpunkten Privatschulen und Bildungsungleichheiten.

Mey, Günter, Prof. Dr. habil., geb. 1961, Professur im Fachbereich Angewandte Humanwissenschaften an der Hochschule Magdeburg-Stendal sowie Privatdozent an der Kulturwissenschaftlichen Fakultät der Universität Bayreuth, zudem Filmautor und Ausstellungskurator.

Neumann, Stefan, geb. 1983, Grundschulpädagoge und Vorstand der Schwimmabteilung und Schwimmtrainer bei Pro Sport Berlin 24.

Ohmann, Oliver, geb. 1969, ist Journalist und hat mehrere Bücher zur Sport-, Film- und Berlin-Geschichte veröffentlicht.

Oswald, Sascha, Dr., geb. 1986, wissenschaftlicher Mitarbeiter an der Universität Hildesheim mit den Forschungsschwerpunkten Medien- und Kommunikationssoziologie, Körper- und Emotionssoziologie sowie qualitative Empirie.

Partetzke, Marc, Prof. Dr., geb. 1984, Studium der Fächer Deutsch und Sozialkunde für das Lehramt an Gymnasien sowie Deutsch als Fremdsprache (Ergänzungsrichtung) an der Friedrich-Schiller-Universität Jena, seit 2020 Professor für Politikdidaktik und Politische Bildung an der Universität Hildesheim.

Rasch, Franziska, geb. 1989, gelernte Erzieherin, BA Erziehungswissenschaften. Derzeit Studentin im Master Erziehungswissenschaften an der Humboldt-Universität zu Berlin.

Staab, Lena Dr.in, geb. 1986, ist als Wissenschaftliche Mitarbeiter:in an der Humboldt-Universität zu Berlin im Fachbereich Allgemeine Grundschulpädagogik tätig, mit den Forschungsschwerpunkten Subjektivierungsforschung/

Diskursanalyse sowie Theorien der Inklusion und kritische Kunstpädagogik.

Stammerjohann, Peter, geb. 1992, Studium für das Lehramt an Grundschulen, Wissenschaftlicher Mitarbeiter an der Freien Universität Berlin (Fachbereich für Erziehungswissenschaft und Psychologie) mit den Forschungsschwerpunkten Praxistheorie, sprachliche und kulturelle Bildung, Rekonstruktive Sozialforschung und Lehrkräftebildung.

Süß, Heidi, Dr., geb. 1986, Studium der Angewandten Sprachwissenschaften, Politik & Medienwissenschaften und Promotion im Graduiertenkolleg Gender & Bildung an der Universität Hildesheim; Autorin, Referentin, Dozentin mit den Forschungsschwerpunkten HipHop-, Pop- & Jugendkultur-Forschung, Männlichkeitssoziologie und Intersektionalität.

Töpper, Daniel, M.A., Studium Erziehungswissenschaften und Slawische Sprachen und Literaturen, Wissenschaftlicher Mitarbeiter an der Humboldt-Universität zu Berlin mit den Forschungsschwerpunkten Preußische und deutsche Schulgeschichte und Schulverwaltung im 19. und 20. Jahrhundert sowie zu Medien sexueller Bildung und Erziehung in Preußen, BRD und DDR.

Vock, Rubina Dipl-Psych., geb. 1961, Studium der Psychologie an der Freien Universität Berlin, wissenschaftliche Mitarbeiterin am Institut für Qualitative Forschung. Sie organisiert seit 2006 das Berliner Methodentreffen Qualitative Forschung und gibt Workshops zur qualitativen Sozialforschung.

Wolter, Andrä, Prof. (i.R.) Dr., geb. 1950, Tätigkeiten an der Universität Oldenburg, am Institut für Entwicklungsplanung und Strukturforschung (IES) an der Universität Hannover, an der TU Dresden, bei der Hochschul Informations System GmbH (HIS) und seit 2010 an der Humboldt-Universität zu Berlin; Forschungsschwerpunkte: Hochschulforschung, Bildungsmonitoring, lebenslanges Lernen.

MIX
Papier | Fördert gute Waldnutzung
FSC® C014496

Bibliografische Information der Deutschen Nationalbibliothek
Die Deutsche Nationalbibliothek verzeichnet diese Publikation in der Deutschen Nationalbibliografie; detaillierte bibliografische Daten sind im Internet über http://dnb.d-nb.de abrufbar.

Asternplatz 3, 12203 Berlin
post@bebraverlag.de
Lektorat: Marijke Leege-Topp, Berlin
Umschlag: Goscha Nowak, Berlin
Satz: Zerosoft
Schrift: DTL Documenta 10/14pt
Druck und Bindung: GGP Media GmbH, Pößneck
ISBN 978-3-8148-0280-0

www.bebraverlag.de

Oliver Ohmann
Menschen am Kaiserdamm
Gebunden, 256 Seiten,
13 x 19,5 cm, ca. 30 Abb.
ISBN 978-3-8148-0281-7
22,– €

Der Kaiserdamm ist nicht berühmt, aber laut. Um 1900 wurde er als schnurgerade Prachtallee erdacht und mit Kaisers Gnaden aus dem Boden gestampft. Ufa-Stars und Nazigrößen wohnten hier, Alfred Döblin betrieb am Kaiserdamm seine Arztpraxis. Großbürgerliches Leben in der »Villa auf einer Etage« war typisch. Oliver Ohmann spürt den Menschen nach, die in dieser Großstadtstraße gelebt haben, und erzählt ihre Geschichten – vom Kaiserreich bis zur Coronakrise. Er ist selbst ein Kind des Kaiserdamms. 30 prägende Jahre lebte er dort. Sein Bericht ist auch eine Liebeserklärung – an die Art zu leben, die nur in einer Stadt wie Berlin möglich ist.

Heidje Beutel (Hg.), Markus Gerold (Hg.), Wilfried Griebel (Hg.)
Bergführer Berlin
Ein Stadtführer für urbane Gipfelstürmer
Paperback, 200 Seiten,
13,5 x 21,5 cm, 176 farb. Abb.
ISBN 978-3-8148-0234-3
16,– €

Mit diesem Buch entdecken Sie die Stadt von einer neuen Seite. Eine Seilschaft von neun Autoren hat sich auf den Weg gemacht, die zahlreichen Höhenzüge Berlins zu lokalisieren und zu erklimmen. Dabei haben sie nicht nur in den Außenbezirken, sondern auch mitten in der City reizvolle Ausflugsziele ausfindig gemacht, die den Horizont erweitern.

Harald Neckelmann
Das Pony in der S-Bahn
Berliner Kuriositäten aus Geschichte und Gegenwart

Paperback, 224 Seiten, 36 Abb., 12,5 x 19 cm, über 30 Abb.
ISBN 978-3-8148-0244-2
Print 14,– € / E-Book 9,99 €

Berlin steckt voller Überraschungen. Der Journalist und Stadtführer Harald Neckelmann erzählt in über 70 kurzweiligen Texten von originär Berliner Erfindungen wie dem Eierschneider oder dem Handy, von kulinarischen Spezialitäten wie dem Berliner Schnitzel aus Kuheutern, von Superlativen wie der größten Quallenzucht in Europa, von Skurrilitäten wie einem rechnenden Pferd oder einem Autowrack, das seit Jahrzehnten regelmäßig eine neue TÜV-Plakette erhält.

Ob geheime Ersatzwährungen, unverhoffte Zeitunterschiede, ein veganer Sexshop oder die Hausbesetzerkarriere von Angela Merkel – dieses Buch dokumentiert den alltäglichen Wahnsinn der Stadt.